12 NOTAS

Sobre la vida
y la creatividad

12 NOTAS

Sobre la vida y la creatividad

QUINCY JONES

Prólogo de The Weeknd

Traducción de Librada Piñero

Rocaeditorial

Penguin
Random House
Grupo Editorial

Título original: *12 notes. On Life and Creativity*

Primera edición con esta encuadernación: febrero de 2025

© 2022, Quincy Jones Productions
© 2022, 2024, Roca Editorial de Libros, S. L. U.
Travessera de Gràcia, 47-49. 08021 Barcelona
© 2022, Librada Piñero, por la traducción

Printed in Spain – Impreso en España

ISBN: 978-84-10442-31-3
Depósito legal: B-1431-2025

Impreso en Liber Digital, S. L.
Casarrubuelos (Madrid)

RE 4 2 3 1 A

A mis siete pequeñajos queridos:
Jolie, Rachel, Tina, QDIII,
Kidada, Rashida y Kenya

NOTAS

PRÓLOGO

*E*mpezaré diciendo que no existen palabras para describir con exactitud a Quincy Jones, el hombre que cambió no solo el curso de mi vida sino el curso de la historia. No estoy aquí para hablar de los premios, galardones y logros que Quincy ha recibido o conseguido porque: (1) nos pasaríamos el día aquí, y (2) ya sabemos que es «ese» tío. No hacen falta calificativos. Sin embargo, sí que hablaré del gran impacto que a menudo ha tenido el trabajo que realiza cuando no hay cámaras.

Con tu permiso, me explicaré. Naturalmente, desde niño fui un gran fan de Quincy, y el trabajo que hizo con Michael Jackson me inspiró aún más para dedicarme a la música. Q era mi ídolo en todos los sentidos de la palabra e intentaba empaparme de cualquier idea suya para alcanzar la grandeza que pudiera dejar tras de sí. Tenía la sensación de conocerle, ya que prácticamente lo sabía todo sobre él y su trabajo, pero aún no nos habíamos conocido en persona.

Salto adelante hasta 2015, cuando Victor Drai me sorprendió trayendo a Q a mi espectáculo en el Drai's Nightclub de Las Vegas. Casi se me va la olla al oír que mi ídolo estaba sentado en el lateral del escenario, a punto de verme actuar. Fue acabar la última canción y faltarme tiempo para ir a verle. Estaba tan centrado en conocer a aquel hombre (el motivo por el que me dedico a la música, para empezar) que apenas me di cuenta de que había fans al otro lado del escenario que gritaban mi nombre e intentaban captar mi atención.

Lo primero que me dijo Q cuando me acerqué a él fue: «Ve con tus fans. Hazte fotos con ellos y fírmales autógrafos. Yo te espero aquí. Ellos son más importantes».

De todas las lecciones que aprendí viendo sus entrevistas o escuchando sus creaciones durante horas, aquella resultó ser la que más sentido tenía. En aquel momento me estaba enseñando algo que nunca olvidaré: nada es más valioso que la gente que me rodea, y devolver es siempre mejor que recibir.

Hice lo que me decía y cuando acabé de estar con mis fans, Q (la leyenda de leyendas) continuaba allí, esperando. Su humildad me sobrepasó. En este negocio es habitual que la gente se crea una gran estrella del mundo tras conseguir un disco de éxito y algo de fama. Pero ver que el hombre que ha logrado más que cualquier otro actuaba sin una pizca de egoísmo fue el mejor ejemplo de cómo hacer lo que uno predica.

Vuelvo a saltar adelante, esta vez a septiembre de 2021, cuando recibí la primera edición del Premio Humanitario Quincy Jones en los Premios Música en Acción, organizados por la Coalición de Acción de la Música Negra. Decir que recibirlo fue un honor es quedarse corto, pero cuando me fallan las palabras dejo que sea mi música la que hable, así que quizás un día de estos oigas algo al respecto.

Recibí muchas felicitaciones tras aquel logro, pero como Q me ha enseñado mediante sus palabras y sus actos, devolver una cosa no es un acto digno de elogio, sino algo que hay que hacer, independientemente del reconocimiento.

A menudo lo que más importa son los instantes privados del día a día, y si de algo trata este libro es justamente de esa dinámica. Significa mucho para mí porque, si bien tengo una imagen pública, tiendo a ser una persona muy reservada. Sigo siendo el mismo chaval etíope de Toronto que creció sin padre. Y Q sigue siendo el mismo chaval de Chicago que creció sin madre. Quizá tengamos motivos personales diferentes para crear, pero sé que nunca olvidaremos de dónde venimos ni por qué devolver es siempre más importante que recibir.

Como dice Q con tanta belleza en el capítulo final de este libro: «Mi esperanza y mi plegaria es que nuestras voces creativas individuales sirvan para compartir un destello de conexión con quienes más lo necesitan». Y a mí solo me queda tener la esperanza de que eso sea lo que mi arte ha hecho y siga haciendo.

Todos hemos cometido errores, yo incluido, pero por eso me encanta Q. No le da miedo enfrentarse a ellos de cara y utilizarlos como combustible para mejorar como persona. Este libro no es una excepción. En todo caso, está a punto de convertirse en la regla.

El 14 de junio de 2015 tuiteé: «Quincy Jones vino a verme actuar anoche y todavía estoy intentando procesarlo».

El 23 de septiembre de 2021 acepté el Premio Humanitario Quincy Jones, el mejor premio que he recibido en mi vida.

Y hoy escribo el prólogo de *12 notas. Sobre la vida y la creatividad*. Es un honor que siempre valoraré, así que gracias, Q. Gracias por todo lo que me has enseñado públicamente y todo lo que me has enseñado con tus palabras y tus actos.

Para todo el que lea esto: aunque ya hayas leído su autobiografía o sepas todo lo que hay que saber sobre él, espero que te tomes el tiempo de escuchar los consejos que tiene para compartir contigo en las páginas de este libro. Porque te prometo que eso es lo que más importa.

ABEL «THE WEEKND» TESFAYE

INTRODUCCIÓN

$\mathcal{A}$ menudo me preguntan cuál es mi «receta para el éxito», o mi hoja de ruta para convertirme (en el momento en que escribo esto) en el artista más nominado a los Grammy® de todos los tiempos. A decir verdad, no hay ninguna receta ni ninguna hoja de ruta, y si alguien te dice lo contrario, te está mintiendo. Aun así, me gusta pensar que este libro es lo más cerca que llegaré a estar de transmitir mi receta «personal». No estoy aquí para decirte cómo vivir, o cómo ganarte la vida, pero quiero compartir las lecciones que he aprendido, los consejos que me han dado y las conclusiones a las que he llegado sobre la vida y la creatividad, y que me han permitido disfrutar de una vida enriquecedora, llena de altibajos. Una vida con propósito.

Lo que espero de este libro es que cualquier persona, de cualquier edad, pueda verse reflejada en las historias que voy a contar. Cuando escribí y publiqué mi autobiografía en 2001 me encontraba en un lugar muy diferente y fue un tipo de proyecto completamente distinto. Para mí, aquel libro fue una forma de compartir capítulos de mi vida.

12 Notas. Sobre la vida y la creatividad es un libro destinado a elevar y transformar tu mente, en el que incluyo consejos y técnicas que he aprendido en el tiempo que llevo en el mundo.

Lo bello de mirar atrás en mi vida, tras haber tenido el privilegio de vivir buena parte de ella, es que lo veo todo con mucha claridad: tanto las distracciones como las transformaciones. Tras dejar la bebida en 2015, todos mis recuerdos regresaron y lo inundaron todo, y trajeron nuevos puntos de vista que ahora he sido capaz de sintetizar en consejos esenciales que quiero hacer llegar a cualquiera que busque derrumbar los muros que a menudo estancan la creatividad.

Escribo este libro para el o la joven artista que podría encontrarse en la situación en que me encontré yo en su día, tratando de abrirse un camino personal en la industria. Pero también escribo este libro para quienes han vivido toda su vida bajo el disfraz de una carrera o un estilo de vida que nunca desearon realmente. Para gran perjuicio de nuestro colectivo, las normas de la sociedad han llevado a muchos a creer que la creatividad solo es valiosa en el caso de los artistas que se labran un nombre. Pues bien, yo digo que eso es una tremenda tontería porque TODOS tenemos potencial creativo y todos merecemos hacerlo realidad; depende solo de si nos permitimos hacerlo o no.

Bueno, para poneros en antecedentes sobre la estructura organizativa del libro, el número doce siempre ha tenido un significado especial en mi vida. Nadia Boulanger, mi antigua profesora en París, solía decirme: «Quincy, solo hay doce notas. Hasta que Dios nos dé trece, quiero que sepas lo que todo el mundo ha hecho con esas doce». Bach, Beethoven, Bo Diddley, todo el mundo…, para todo el mundo son las mismas doce notas. ¿No es asombroso? Eso es todo cuanto tenemos, y depende de cada uno de nosotros crear nuestro propio sonido único mediante una combinación de ritmo, armonía y melodía.

Siempre me fascina escuchar los resultados diferentes que los músicos podemos crear con solo doce notas. Del mismo modo, quiero exponer mis principios, mi planteamiento de vida y mi filosofía, junto con historias significativas de mi viaje (a la gente le gusta llamarme «Forrest Gump», aunque yo prefiero «Ghetto Gump»), en doce capítulos (en este libro los llamaré «notas»). Así que no dudes en saltarte cosas, mezclarlas, combinarlas, tomar lo que quieras y dejar lo que no. Hagas lo que hagas, sé que el resultado será pre-cio-so. El pentagrama es tuyo y puedes hacer lo que quieras con él. ¡Todo mi amor y mi apoyo!

QUINCY JONES

RECONVIERTE

TU DOLOR

EN PROPÓSITO

*C*uando la analizamos, la creatividad consta de dos partes: la ciencia y el alma (los hemisferios cerebrales izquierdo y derecho). El hemisferio científico es el que hay que aprender y practicar. Pero el del alma, compuesto de emociones, es algo que no se puede enseñar: es simplemente la esencia de quienes somos como seres humanos. Bueno, la esencia de quien soy yo fue quedando envuelta en tantos traumas que se vio obligada a escapar a través de la expresión creativa. Al criarme en un entorno que me arrebató cualquier capacidad de controlar mis circunstancias, la creatividad se convirtió en mi única forma de conseguir un ápice de estabilidad.

Cuando mi familia se trasladó a la costa noroeste del Pacífico, siempre que me pasaba algo malo me transportaba mentalmente a un mundo imaginario lleno de música. Era mi vía de escape cuando no podía gestionar lo que estaba pasando en mi vida. Y, supongo que en muchos sentidos, durante muchos años me he ido colando en ese mundo y he convertido mi energía negativa en creatividad. Eso me permite expresar mis sentimientos cuando estoy reprimido, y me permite compartir lo que de otro modo no sería capaz de expresar únicamente con palabras.

Por ejemplo, cuando pienso en el revolucionario sencillo «What's Going On», que mi difunto hermano Marvin Gaye publicó en 1971, no puedo evitar considerar todas las experiencias personales que conformaron ese tema: desde la pérdida hasta la guerra y las tensiones raciales, pasando por el malestar social y político. Nadie sabía demasiado bien qué estaba pasando en aquella época, pero él y sus colegas compositores canalizaron en esa canción sus preguntas, su dolor y el sentimiento colectivo de confusión, tanto a través de la letra como de la música. A pesar del ambiente hostil y las historias trágicas que dieron lugar a su creatividad, supo dar a su dolor forma de sanación, sanación para quienes necesitaban palabras de esperanza o una señal de entendimiento mutuo sobre el estado del mundo.

Mientras escribo, es evidente que todavía nos enfrentamos a sentimientos similares y bailamos al ritmo de algunas letras idénticas. Sin duda se trata de una pieza musical tremendamente potente que se ha convertido en himno universal para millones de personas, incluso mucho después de la trágica muerte de Marvin. Cómo le echo de menos.

Todos tenemos diferentes métodos de expresión y, aunque quizá no parezcan exactamente himnos como «What's Going On», «We Are the World» o «Let It Be», tenemos la capacidad de canalizar nuestras experiencias de vida en algo más grande que nosotros mismos. En medio de la adversidad es fácil dejarse llevar por la decepción o la ira, pero he descubierto que mi propósito es mucho mayor que mis problemas, aunque sea tremendamente fácil poner el énfasis en ellos.

A lo largo de mis más de ochenta años en este mundo (¿a quién estás llamando anciano?), he tenido mi buena ración de altibajos, pero lo más bonito de esta edad es poder mirar atrás, a cada etapa de la vida, y distinguir los hilos visibles que lo mantuvieron todo unido, cuando a veces habría jurado que se estaba desmoronando. La música no solo se convirtió en uno de esos hilos, sino que ocupó un papel muy importante en mi vida.

No tuve una madre en el sentido tradicional, así que, en cierto modo, hice de la música mi madre.

Advierto que la historia que hay detrás de cómo aprendí lo importante que era reconvertir mi dolor en propósito puede resultar algo dura de digerir, pero la única forma de contar cómo he logrado traducir mi negatividad en creatividad es explicando los detalles.

1942. 9 años

—Vamos a ver a mamá —dijo papá.

Mamá. Una palabra de cuatro letras que no solo estaba desprovista de conexión personal, sino que garantizaba que el miedo ocuparía mi cabeza gratuitamente. No sabía bien dónde nos llevaba papá, pero mi hermano pequeño, Lloyd, que iba sentado a mi lado en el asiento trasero del viejo Buick de mi padre, y yo nos sentíamos impotentes mientras el coche avanzaba con determinación. Tras tomar lo que nos parecieron un sinfín de curvas, al fin llegamos a nuestro destino: una hilera de altísimos edificios de ladrillo blanco, dispuestos uno al lado del otro, rodeados al fondo de hierba verde, flores y árboles. Cuando Lloyd y yo bajamos del coche, vi un rótulo que decía: «Hospital estatal Manteno».

La larga acera que conducía a la entrada se volvió como arenas movedizas bajo mis pies, y cada paso era más difícil de dar que el anterior. El brillo siniestro de la luz que se reflejaba en el edificio insoportablemente blanco no tardó en envolvernos e iluminar nuestro camino hasta que llegamos a la entrada. Las intimidantes puertas dobles de madera que separaban el interior del resto del mundo parecían burlarse de nosotros mientras entrábamos, despacio pero con curiosidad.

Inmediatamente, una oleada de olor a desinfectante invadió mis fosas nasales en un intento inútil de enmascarar el tufo repugnante a orines y sudor. Quise dar media vuelta, pero ya era

19

demasiado tarde. El miedo se convirtió en incredulidad mientras trataba de convencerme de que lo que estaba presenciando en aquellas salas no era real: seres humanos vestidos con batas idénticas desperdigados al azar por el suelo y por encima de los muebles. Unos estaban tumbados, otros acurrucados en un rincón, otros gritaban, otros se reían solos como histéricos, y la mayoría se movía por la sala como muertos vivientes.

De pronto, fue como si todos se detuvieran y se percataran de nuestra presencia al mismo tiempo; la energía cambió y de entre el grupo surgió una mujer descalza que vino corriendo hacia nosotros como un rayo. Mi angustia se intensificó cuando la mujer gritó frenéticamente:

—¡Para vosotros no hay pastel! ¡Para vosotros no hay pastel!

Extendió un cuenco lleno de lo que resultaron ser excrementos humanos. Papá cortó el paso a la amenaza inmediata y nos empujó con rapidez hacia el fondo de la sala. Su mano apretándonos el hombro parecía un intento de reconfortarnos, pero no hizo más que aumentar mi ansiedad, ya que la notaba temblorosa.

Finalmente, tras atravesar lo que parecía un mar de almas perdidas, nuestros ojos se encontraron con el reflejo más aterrador de nosotros mismos. Mi madre. Sarah. Su frágil cuerpo iba vestido con una bata de hospital, idéntica a la de sus compañeros, y los pies apenas le cabían en unas maltrechas zapatillas. Papá la llamó con firmeza y ella nos miró mientras parecía asimilar lentamente a quiénes estaba viendo. Una leve sonrisa le alegró el rostro débilmente iluminado y me recordó la sonrisa que me dedicaba a los cinco años y ella me había peinado, lavado la cara y ayudado a vestirme. No duró más que un minuto; luego la mirada esperanzada de reconocimiento fue superada por una ira que le hizo fruncir el ceño.

—Saluda a los niños —le pidió mi padre, pero solo obtuvo silencio. Su respuesta muda dio paso a una diatriba: una teoría de la conspiración tras otra. Desde una mujer con la que creía que «se veía» mi padre, hasta Joe Louis, pasando por el papa. Mi padre intentó tranquilizarla, pero ella le replicó:

—¡Me has quitado a mis hijos! ¡Tenía una vida hasta que tus sacerdotes mafiosos se me llevaron a rastras! ¡Aquí no puedo dormir!

—Saluda a los niños, Sarah —volvió a decir mi padre. Y así estuvieron un rato, hasta que mi madre empezó a gritar cada vez más fuerte. Cuando alcanzó el punto máximo, dejó de agitar los brazos, se puso en cuclillas y se colocó las manos debajo justo a tiempo para defecar sobre una de ellas, tras lo cual hundió el dedo en su creación y se lo llevó a la boca.

Mi padre no era de enfadarse, pero cuando perdía los estribos se ponía furioso. El hombre empezó a gritar horrorizado y se inclinó sobre ella para quitarle aquello de la mano. Con la fuerza la tiró al suelo, pero ella se levantó rápidamente y empezó a perseguirnos mientras mi padre nos arrastraba por el cuello de la camisa a Lloyd y a mí. Los chillidos agudos de mi madre parecían seguirnos mientras regresábamos a la improvisada zona de seguridad tras las puertas de nuestro Buick, aparcado en la calle.

—Lo siento —no paraba de repetir mi padre—. Siento haberos traído aquí. Para ver esto. Tenéis que entenderlo. Vuestra madre no está bien.

«Vuestra madre no está bien.» Una frase que oí muchas veces en mi niñez. Una frase que me perseguía. Una frase que subconscientemente informaría de mi modo de funcionar en los años posteriores. El miedo abrumador a desarrollar demencia y volverme tan loco como ella empezó a asentarse y a llenar las grietas de mi mente. Noche tras noche, parecía no haber escapatoria. Incluso los momentos de vigilia estaban llenos de las voces siempre presentes de mi madre, y eso bastaba para convencerme de que en realidad me estaba volviendo loco. Si le había pasado a ella, ¿no podía pasarme a mí? ¿O ya lo estaba?

Estoy convencido de que hay dos tipos de personas: los que

21

han sido criados como toca y los que no. No hay nada en medio. Cuando te han criado como toca, lo sabes, y cuando no lo han hecho, vaya si lo sabes. Las secuelas empiezan a sacar la nariz en el modo como ves y tratas a los demás y, aunque quizá de un modo menos aparente, en el modo como te ves y te tratas a ti mismo. Empieza colándose por las grietas del muro que intentas levantar alrededor de tu alma y al final se va filtrando a todos y cada uno de tus movimientos, y en mi caso, por desgracia, a todas mis fases REM.

Casi cada noche desde que se habían llevado a mi madre al Hospital estatal Manteno debido a unos ataques extremos de demencia precoz —unos dos años antes de nuestra visita—, yo sufría una pesadilla muy extraña que me perseguía por mucho que tratara de quitármela de encima. En aquel sueño, estaba sentado al piano tocando música clásica, pero ninguna nota o melodía era identificable. Entonces aparecía mi madre detrás de mí y me suplicaba que dejara de tocar, y su voz se deformaba en una mezcla de dos, después cuatro, después cien, después mil, que se combinaban y me llenaban la cabeza de sus órdenes iracundas. En cada pesadilla, cuando su imagen se dividía en múltiples figuras, yo descubría que para combatir sus voces tenía que alzar la mía.

De modo que, todavía sentado tocando el piano, reunía la energía necesaria para gritarle: «¡Para, por favor! Que alguien cante sobre el amor. Que alguien cante sobre amarme». Cuanta más contundencia tenían mis palabras, más rápido se acallaban sus órdenes y yo recobraba una pizca de cordura en mitad de otra noche sin dormir.

Poco sabía yo que mi respuesta a sus demandas en aquellos sueños indicaba en quién me convertiría tiempo después. Aunque a esa edad todavía no había aprendido a tocar instrumentos —solo tenía diez años—, era como si el piano de mis pesadillas sirviera para augurar el camino que se extendía ante mí, y demostrar que la música sería mi arma. La usaría no solo para acallar las voces de mi cabeza, sino también para difundir la sensación de alegría que tanto anhelaba. De alguna manera, mis palabras reflejaban un deseo creciente de ser amado y de difundir amor. El tipo de amor que quería ver en una familia. El tipo de amor que ansiaba recibir de mi madre.

Ver cómo atan y se llevan a una institución mental a la mujer que se supone que te ha de cuidar y proteger basta para hacer tambalear el mundo de cualquier criatura, no digamos ya el de un chaval que además vivía en el gueto sin ningún modelo real a seguir. Sin madre y con un padre que siempre estaba trabajando, no tenía brújula, y a veces me asaltaba un sentimiento de desesperación generalizado.

Pese a que mi sufrimiento y mi ira eran reales y aceptables, aprendí la importancia de no dejarlos bloqueados dentro de mí. Como señaló conmovedoramente Mark Twain: «La ira es un ácido que puede dañar más el recipiente que lo contiene que cualquier otra cosa sobre la que se vierta». Yo lo aprendí por las malas, tras buscar una sensación de seguridad y pertenencia en el entorno de las bandas, para después caer en lo que a menudo se convertía en relaciones insanas, adicción al trabajo, lo que fuera. No te preocupes, llegaremos a ello más adelante.

Pero pese a los problemas y experiencias negativas de mi infancia, sé que me encuentro entre los afortunados. A lo largo de mi vida, ha sido como si Dios me hubiera guiado con la sensación interna de que mis tropiezos no tenían como objetivo destruirme, sino proporcionarme la empatía necesaria para relacionarme con otras personas en situaciones similares y ayudarlas; concederme una fuerza incontestable que me ha impulsado a escenarios de vida con los que seguramente no habría soñado; y generar el nivel profundo de sentimiento que he volcado en todas mis creaciones musicales. Tengo la suerte de haberme dado cuenta de que el dolor tiene voz y de que la música es la válvula de escape para el mío. Ahora me parece que siempre lo he tenido dentro, solo tenía que alimentarlo y permitirle hablar. En cierto modo, supongo que por eso tanta de la música que he hecho desde entonces trata sobre el amor.

A veces desearía haber podido tener una relación real con mi madre, pero ¿quién sabe? Tal vez si hubiera tenido una familia estable habría acabado siendo un músico lamentable. Como resultado del vacío maternal, permití que la música asumiera el papel de mi madre y desde entonces ha sido una fuerza rectora en mi vida. Sinceramente, de no haber soportado el nivel de dolor presente en muchos de mis años de desarrollo, quizá nunca hubiera encontrado mi medio de expresión ni me hubiera aplicado en él como lo hice.

Dado lo inevitable de la adversidad en este mundo a menudo accidentado, es importante saber qué llena tus vacíos y también dónde los estás proyectando. En el momento en que caes en la mentalidad de víctima, no solo te ves obligado a tratar con problemas externos, sino que también recibes una serie de problemas internos nuevos que no harán más que entorpecer tu crecimiento desde un punto de vista tanto humano como creativo. No has de dejar que la angustia que ha ido penetrando en los bolsillos de tu vida tome el control de ella. También creo que justo por eso la creatividad es uno de los dones más bellos que poseemos. Utilizada adecuadamente, no solo sirve como válvula de escape, sino que también posee la capacidad de transformar la aflicción en algo que va más allá de un sentimiento singular.

Por supuesto, nuestras experiencias individuales son únicas para nosotros, pero los sentimientos con los que lidiamos son universales: es probable que alguna otra persona pueda identificarse con ellos. Por eso necesitamos la creatividad, porque aporta un sentido de unidad. Un cuadro, una canción, un escrito…, esas cosas tienen fuerza. Pensemos en por qué tenemos la arqueología; según *National Geographic*, la definición de este campo de la ciencia es: «el estudio del pasado humano a través de los restos materiales, que pueden ser objetos que la gente creaba, modificaba o utilizaba». Cuando pensamos en la creatividad, a menudo lo hacemos desde un enfoque algo miope, pensando que solo es para nosotros mismos, pero en realidad es algo mucho más grande. La creatividad nos permite dejar parte de nuestras experiencias y de nuestro corazón con quienes se encuentran en el extremo receptor. Y tanto si es ahora como si es mucho después de que hayamos abandonado este mundo, yo creo que existe un motivo para ello.

Ahora bien, no puedo decir que aprendiera a hacerlo de un día para otro. Sé muy bien que he tenido que esforzarme en todo momento por mantenerme a flote entre las olas que amenazaban con hundirme. Pero si hasta el día de hoy lo he conseguido ha sido únicamente porque elegí aprender y crecer a partir de mis limitaciones.

Es fácil enredarse en las telarañas que se tejen a nuestro alrededor, pero si lo hacemos solo nos cerramos a que entren cosas nuevas en nuestra vida. Una vez me dijeron que si abres bien los brazos para recibir amor te llevarás algún que otro corte o arañazo, pero entrará mucho amor. Si cierras los brazos puede que nunca te cortes, pero lo bueno tampoco te llegará.

Se dice que el trauma se congela en la cumbre, pero si te quedas atrapado en ella, te mueres; a veces, mentalmente, otras, físicamente, y otras, en ambos sentidos. Y si te cierras al mensaje que has de compartir, quizá nunca tengas que enfrentarte a tus miedos y traumas personales, pero tampoco saldrá nada bueno de ello.

Cada vez que nos quedamos colgados en el pasado, atrapados en él, nos estamos robando el presente y sin duda el futuro. Podemos quedarnos en la negatividad de los días que ya se fueron o podemos utilizarla como combustible para propulsar nuestra creatividad, y nuestra vida, hacia delante. En la mayoría de los casos —enfermedades mentales extremas a un lado—, en última instancia podemos decidir en qué centrarnos, en lo bueno o en lo malo.

Por supuesto que uno puede aferrarse a la ira, pero la amargura solo le destruirá. Yo tuve que tomar a diario la decisión consciente de no autodestruirme, sino de redirigir aquella energía y ponerla en una canción, en unos arreglos, en un disco o en una película, algo así como hacer papel reciclado a partir de la basura. No es sencillo, pero sí posible.

Aunque no fue hasta bien entrados los cincuenta cuando me di cuenta de que aún cargaba con mi pasado y permitía que me lastrara, me alegro de haberlo hecho. Nunca es tarde. Cuando por fin dejé de pensar en mí y empecé a pensar en mi madre, me planteé todas las cosas horribles que ella había soportado en el pasado, así como en el hospital, y lo mucho que nos quería en el fondo, aunque lo expresara a través de la lente de su demencia. Es cierto que me di cuenta de eso tarde en la vida, pero lo hice, y al final eso es lo que importa. La vida da giros inesperados y podemos encontrarnos en situaciones dolorosas para las que nunca podríamos habernos preparado. A todos nos lanzan bolas en trayectorias curvas y unas nos golpean más fuerte que otras; sin embargo, creo sinceramente que, con la actitud adecuada, eso que estaba destinado a destruirte puede acabar siendo lo que te haga más fuerte.

Puede que estés enfadado. Vivimos tiempos difíciles y tal vez tengas un buen motivo para sentirte así. Pero imagina un mundo en el que en lugar de aferrarnos a nuestra ira la utilizamos para canalizar un sentimiento de amor más comunitario que contrarreste la falta de este. Menudo mundo sería. Mi esperanza es que a medida que vayas leyendo este libro te sientas motivado para crear. No solo para ti mismo, sino también para los demás. Tanto si creas desde una posición de dolor como de júbilo, te necesitamos. Necesitamos tus dones y tus talentos. Y lo digo por experiencia, por más de ochenta años de experiencia.

Te necesitamos.
Necesitamos tus dones
y tus talentos.

SI PUEDES

VERLO,

PUEDES

SERLO

LA#

*C*omo he aprendido en la vida, el crecimiento personal no es más que un viaje desde la contaminación mental hasta la solución mental. En otras palabras, has de examinar cuidadosamente la suciedad de cualquier situación en la que te encuentres para que tu futuro no esté contaminado antes incluso de crearlo. Tanto si se trata de un trauma pasado como de una situación familiar difícil, superar mentalmente tales desafíos es con frecuencia el primer paso más importante para progresar personalmente.

Sin embargo, como alguien que ha tenido que vérselas con ese tipo de desafíos, y más, reconozco que es más fácil decirlo que hacerlo. De hecho, creo que buena parte de los jóvenes que acaban con problemas que les desestabilizan la vida sencillamente han sido contaminados por la suposición de que no tienen salida, o de que su única opción es la violencia. En el caso de quienes nacen en unas condiciones de vida desfavorables o no cuentan con el apoyo adecuado, esa situación puede dictar el curso de su vida. Creo que la juventud debería tener libertad para crecer hasta el máximo de su potencial individual, pero por desgracia la sociedad ha construido entornos que no siempre fomentan la fe en el futuro al mismo nivel. Más concretamente, los ciclos de la violencia de bandas, la drogadicción y los índices de criminalidad elevados en zonas con pocas oportunidades se perpetúan en círculos interminables de desesperanza. Es evidente que los niños desfavorecidos no son víctimas de ningún desastre natural, sino a menudo del hombre.

Como suele decirse, «Uno quiere ser lo que ve», pero si no tienes ejemplos tangibles de cómo puede ser tu vida, ni formas asequibles de conseguir esa visión de futuro, es tremendamente fácil creer que la situación que estás viviendo en un momento dado es la única posible. Puedes creerme, yo lo he vivido. Me crie en el South Side de Chicago, el gueto negro más grande de Estados Unidos durante la Gran Depresión. No era precisamente un entorno que fomentara la seguridad en la niñez, ni mucho menos el impulso y la ambición personales. No había programas comunitarios para incentivar la mente de un niño, y el acceso a otras fuentes de contenido inspirador era limitado, sobre todo antes de la llegada de internet. Es decir, teníamos libros como ¡*Huye, Jane, huye!* y *See Spot*, pero nada verdaderamente positivo sobre la historia de los negros ni nada que anclara nuestra identidad.

Pese a ello, me he dado cuenta de que uno de los factores que más influyeron en mi capacidad para superar mis circunstancias fue la creciente exposición a la esperanza y mi persecución incansable de ella. Puede que algunos lo llamen «oportunidad», pero es importante señalar que sin esperanza las oportunidades no hacen más que demostrar a un individuo desfavorecido lo que no es apto para ser.

El modo en que encontré rayitos de esperanza en medio de un entorno desprovisto de ella es un poco enrevesado, pero como decía siempre mi querido hermano Louis Armstrong: «No lo digas, tócalo». Así que trasladémonos a 1943, cuando empecé a aprender el valor auténtico que había tras el viejo dicho: «Si puedes verlo, puedes serlo».

Cuando mi hermano pequeño, Lloyd, y yo éramos niños, mi padre era carpintero para los Jones Boys, los gánsteres negros de peor reputación de Chicago que llevaban el juego de números, o lo que por aquel entonces se llamaba la raqueta de números, un sistema de apuestas ilegal que más tarde se convertiría en lo que hoy conocemos como lotería. Aquellos tipos eran los amos de aquel sistema, y vivir bajo el techo de papá, sin una madre que nos controlara, conllevaba estar muy expuestos al estilo de vida tempestuoso de sus jefes. Era todo cuanto Lloyd y yo habíamos conocido de verdad, y parecía inevitable que acabáramos como gánsteres o algo similar, ya que teníamos todos los números. Aunque papá nos quería y hacía todo lo posible por que no viésemos de cerca las operaciones de los Jones Boys, lo único que yo quería era ser como ellos porque encarnaban lo que significaba tener el control en un entorno caótico.

Correr entre cadáveres, presenciar peleas que acababan con gente muerta, así como otras experiencias que dejan huella en la mente de un niño, eran incidentes bastante habituales para mí. Hablando de dejar huella, en una ocasión me clavaron la mano a una valla con una navaja de muelle y un picahielos en la sien izquierda solo porque no tenía la contraseña adecuada para cruzar la calle. En esas condiciones, lo único que quería era algo de control, por poco que fuera, y lo único que veía que podía ofrecérmela era estar bajo la «protección» que implicaba unirse a una banda. Cuando digo que luchaba por sobrevivir hablo en serio. El poder que veía en la trastienda de la violencia no solo era lo que quería, sino también lo que creía necesitar para sobrevivir. No había mucho que hacer aparte de meterse en problemas, y eso fue lo que hice. No solo era lo normal, era lo que se esperaba.

Hacia 1943, después de que Al Capone echara de la ciudad a los Jones Boys por afectar negativamente a sus ganancias, mi padre, por seguridad, también se fue por piernas de la ciudad conmigo y con mi hermano Lloyd. Cogimos un autocar Trailways y llegamos a Sinclair Heights, en Bremerton, Washington. Puede que nos hubiéramos trasladado a otra ciudad, pero Lloyd y yo seguíamos esforzándonos por ser pequeños gánste-

31

res. Nos parecía que si los Jones Boys y todos los gánsteres operaban en Chicago, ahora nosotros teníamos nuestra propia zona donde actuar.

Sin embargo, para complicar aún más las cosas, empezamos a vivir con Elvera, una madrastra abusiva que no nos hacía de madre en absoluto. Dentro de casa estábamos asustados, pero fuera asumíamos una posición de control abriéndonos paso a la fuerza ante lo que se pusiera en nuestro camino. Imitábamos lo que habíamos visto hacer a los miembros de las bandas de Chicago y conservábamos la mentalidad de que si quieres algo, vas y lo coges, a toda costa. Allanamiento de morada, robo con fuga… esa era nuestra vida, día sí, día también. Aparte del colegio, no había recreos, parques, ni nada remotamente seguro que nos mantuviera ocupados. Solo teníamos kilómetros y kilómetros de árboles de hoja perenne y muchos modos de meternos en problemas.

Incluso tras conseguir un trabajo de repartidor de periódicos en la base militar que había al lado de casa, siempre encontraba el modo de llegar a los vertederos del cuartel y llenar las bolsas de periódicos con cinturones de munición, atuendos navales completos y proyectiles de artillería reales. Era una actividad cotidiana porque al menos nos daba, a Lloyd, a mí y a nuestros nuevos hermanastros (los hijos de Elvera), una manera de mantenernos ocupados vistiéndonos como los marines negros de la base de la Marina e imitándolos.

No tardaron en pillarme robando munición y tuve que llevarme mis habilidades criminales a otra parte. Más concretamente, decidí centrarme en los postres del centro recreativo local. Lloyd, mi nuevo hermanastro Waymond y yo forzamos la entrada al enterarnos de que en el congelador tenían tarta de merengue de limón y helado. Nos los acabamos, hicimos una guerra de comida y después nos dividimos para investigar por el edificio. Eché un vistazo en un despacho y ya iba a cerrar la puerta cuando vi un pequeño piano de espineta en un rincón.

Con una curiosidad insaciable, fue como si algo muy profundo dentro de mí me ordenara: «¡Vuelve a ese despacho!».

Me acerqué lentamente al piano y pasé los dedos por las teclas. De verdad, fue como si todas las células de mi cuerpo gritaran: «¡Esto es lo que vas a hacer el resto de tu vida!». No entendía el significado de aquella sensación, pero había algo en el sonido del piano que me aportaba paz. No sabía cómo funcionaba, ni tocarlo, pero cada nota parecía ir emparejada con un deseo creciente de entender cómo se generaba aquel sonido. Mis hermanos me alcanzaron y escapamos indemnes del edificio. Sin embargo, yo había quedado fascinado, cautivado por otra fuerza. Por mucho que lo intentaba, no podía quitarme de encima la sensación de que tenía que regresar a aquel piano.

Cada día echaba de menos el sonido de aquellas notas y al final empecé a colarme por la ventana del centro recreativo cuando estaba cerrado para tocar el piano. Conseguí entrar a la fuerza unas cuantas veces más, hasta que la amable conserje, una mujer mayor llamada señora Ayres, me pilló y empezó a dejarme la puerta abierta. Con mi nuevo acceso a aquel magnífico instrumento, intentaba emular los sonidos que había escuchado en la antigua iglesia baptista a la que asistía en Chicago (poco imaginaba que estaba tocando de oído). Pero cuando se me acababan las canciones que recordaba, recurría a tocar lo que sintiera dentro (más adelante descubrí el término más técnico para eso: improvisación). La música me fluía directamente del corazón. Era diferente a cualquier sentimiento que hubiera sentido hasta entonces. No se puede describir con palabras, pero era como si la música me concediera la capacidad de acceder a las partes más profundas de mi alma. Para calmar, reconfortar y sanar: ninguna descarga de adrenalina de ninguna actividad callejera podría habérsele acercado siquiera.

Estaba e-n-g-a-n-c-h-a-d-o. Noche tras noche, el piano se convertía en mi evasión de la realidad y dondequiera que oyera música, allá que iba. Una tarde pasaba por delante de la casa

33

de Eddie Lewis, el barbero de Sinclair Heights, y le vi salir a los escalones de la puerta con una trompeta en la mano. Me quedé allí embelesado mientras él tocaba una melodía a pleno pulmón. Cuando vi que se iba a meter en casa de nuevo, no pude evitar salir corriendo hacia él para preguntarle cómo lo hacía. Fue increíble enterarme de que se podían crear todas aquellas notas usando solo tres válvulas. Y allí, en aquel preciso instante, decidí que quería tocar la trompeta. Pero conseguir una era prácticamente imposible, porque sabía que mi padre no se la podía permitir. Indagué un poco y descubrí que mi escuela secundaria dejaba prestados algunos instrumentos antes y después de las clases. Lamentablemente no tenían trompeta, así que empecé a trastear con el violín y el clarinete. Tras aprender lo básico, salté a la percusión, el sousafón, el bombardino barítono en si bemol, la trompa tenor en mi bemol mayor, la trompa, la tuba y el trombón. Si algo hacía música, yo quería tocarlo.

Una tarde, un chaval llamado Junior Griffin, que tocaba el saxo melódico en do, apareció con su bombardino en la zona común del centro recreativo y empezamos a improvisar juntos. Él se puso al saxo y yo al piano. Joseph Powe, un profesor de música que dirigía una banda de swing de la Marina que alguna vez tocaba en el centro recreativo, tomó nota de mi interés por la música y me invitó a unirme a un grupo coral a capela, The Challengers. El señor Powe también resultó ser el antiguo director de un famoso coro de góspel negro, Wings Over Jordan, así que me zambullí de lleno en él. Nuestro grupo empezó a cantar por las calles de Bremerton e incluso hizo un pequeño concierto en el Teatro Cecil B. Moore, mi primera actuación. Cantábamos canciones de góspel como «Dry Bones» y «The Old Ark's a-Moverin». Te aseguro que no era el mejor cantante, pero no iba a dejar que eso me detuviera.

Durante los ensayos en casa del señor Powe no podía evitar fijarme en la cantidad de libros que había por todas partes: desde Glenn Miller sobre arreglos, hasta Frank Skinner sobre música para películas. Nunca había oído hablar de aquellas profesiones, pero los libros no paraban de ponerme ante los ojos todo un mundo de posibilidades musicales. Sentía avidez por descubrir adónde podía llevarme la música, así que cuando un día el señor Powe me preguntó si podía hacer de canguro a sus hijos, contesté que sí al instante, solo para poder pasar más tiempo leyendo. Cada vez que iba a cuidarlos me enterraba en las páginas de sus estanterías e intentaba imaginar qué era una clave de sol y por qué una trompeta en si bemol tenía que tocar un tono por encima de la nota del concierto. Quizá no fuera un canguro excepcional, pero descubrir aquel nuevo mundo de la música me proporcionó una perspectiva más amplia que la realidad en la que me movía.

Tras la Segunda Guerra Mundial, la población negra dejó de ser bien acogida en Sinclair Heights, ya que básicamente se había construido como un proyecto de viviendas temporales. Por la misma época, mi padre también se quedó sin trabajo en la carpintería del astillero naval, así que con el poco dinero que tenía nos trasladamos todos a una casa diminuta en el 410 de la avenida 22 del Central District de Seattle. Waymond, Lloyd y yo dormíamos en la buhardilla, mientras que los otros hermanos, mi padre y Elvera (la madrastra) estaban apiñados en dos habitaciones del piso de abajo.

Para mi sorpresa, Seattle resultó ser la meca absoluta de la música y mi único deseo era empaparme de ella por completo. Si una cosa me sacaba de aquella casa, créeme que allí estaba yo. Por la calle Jackson, entre la avenida 1 y la 14, y a lo largo de la calle Madison, entre la 21 y la 23, tenía todos los estilos de música posibles al alcance de la mano. Hablo de bebop, blues, R&B, pop, lo que fuera. Y para rematarlo, tras graduarme en la escuela Robert E. Coontz del centro de Bremerton, fui al instituto progresista James A. Garfield, que estaba enfrente de casa. Allí fue donde todo hizo clic. Parker Cook, el profesor de música, se percató de mi gran interés por la trompeta y me permitió darle rienda suelta en la sala de la banda. Fue como si llevara toda la vida esperando a poner mis manos sobre aquel instrumento, así que no me importó que estuviera algo gastado. Para mí lucía como el oro. La cogí, me la coloqué como recordaba que había hecho el barbero Eddie Lewis, soplé, y al oír el estruendo me quedé allí sentado completamente quieto. Era un sonido más bien sordo, bajo, sin vibrato, ya que todavía no había aprendido la técnica necesaria. Sin embargo, a pesar de mi falta de habilidad, sentía una atracción inconsciente por aquel sonido que me despertaba la curiosidad. Y lo más importante, el señor Cook siempre me proporcionaba espacio para visualizar en lo que podía convertirme: algo más que un pequeño gánster del proyecto de viviendas.

Una noche fría en que no paraba de dar vueltas en mi catre de la buhardilla, me puse a mirar por la que mis hermanos y yo llamábamos nuestra «ventana de los sueños». Desde allí arriba, con solo zarzamoras y pilas de basura a la vista, habías de tener mucha imaginación. Hacía un frío debilitante y mientras miraba por la ventana intentando quitármelo de encima lo único que veía eran las ratas que salían corriendo de debajo de casa hacia el patio, en una huida que yo me moría por protagonizar. Con un movimiento rápido agarré algo para escribir y dibujé un pentagrama improvisado. Con mis conocimientos básicos de composición musical a partir de mis lecturas, empecé a escribir una pieza que reflejaba mi sueño de volar a algún lugar lejano. Aquella noche descargué sobre la partitura todo lo que había aprendido en los libros del señor Powe y en la clase del señor Cook, y después la llevé encima a todas partes para poder pulirla en cualquier piano que encontrara, desde el de la sala de la banda del instituto Garfield hasta el del Club Social y Educativo Washington tras el cierre. Trabajar en aquella pieza, junto con la esperanza que me proporcionaban mis mentores, me hacía tener la sensación optimista de que mi composición, «From the Four Winds», era mi billete para salir de allí.

Nunca tuve ningún control sobre mi situación de vida, mis pesadillas, la gente enfadada que todavía me llamaba negrata, y ningún control sobre mi futuro (o eso creía). Sin embargo, nadie sabía decirme en qué tempo empezar mi composición musical ni con cuántos cambios de acorde podía jugar. Cuanto más me adentraba en la composición y en tocar la trompeta, más empezaba a ver lo que era posible tanto personal como musicalmente. En retrospectiva, «From the Four Winds» está en el extremo menos conocido del abanico de mi obra, pero para mí es una de las más importantes porque me proporcionó la primera pizca de confianza en mí mismo como compositor.

He de admitir que el único motivo por el que fui capaz de concebir un modo de salir de la situación en que había nacido fue porque estuve expuesto a un camino de esperanza. El mío vino en forma de creatividad, pero quiero que sepas que ser creativo no es solo cuestión de qué tipo de pincelada utilizas para plasmar una forma sobre un lienzo, o qué cambios de tono incluyes en una canción. Más bien creo que la supervivencia es también un acto de creatividad. Es cuestión de buscar nuevas formas de inspirarse y crear caminos que lleven a un futuro mejor para ti y, a su vez, para los demás.

La exposición cada vez mayor a la idea de que podía orientar mi vida en una dirección positiva fue suficiente para que me aferrara a ella y luchara por conseguirlo. Subconscientemente, aquella sensación de esperanza fue impregnando lentamente otras áreas de mi mente, cuerpo y alma, y creó espacio para una cantidad inesperada de potencial. De hecho, antes de empezar a ahondar en la música, la mayoría de mis calificaciones en el colegio eran malísimas; fue como si la pasión que descubrí revelara en mí una aptitud oculta para prosperar en lugar de solo subsistir para sobrevivir. Mis pensamientos ya no estaban llenos de actividades sin propósito, sino de una curiosidad entregada. Era como si alguien hubiera encendido una llama dentro de mí y por fin pudiera ver lo que me había acechado entre las sombras.

Al reflexionar sobre aquella época de mi vida, sería descuidado por mi parte decir que simplemente encontré la música y así «eludí a los matones». Hubo muchos elementos que influyeron: que la señora Ayres me abriera el centro recreativo, la oportunidad de acceder a la biblioteca del señor Powe, el encuentro casual con Eddie Lewis y su trompeta, la sala de la banda del señor Cook en el instituto Garfield. La combinación de todos estos elementos sirvió para filtrar la contaminación de mi entorno y me empujó hacia una claridad que nunca supe que podía experimentar. Teniendo eso en cuenta, imagino cuánta gente habrá ahí fuera con potencial o talento sin descubrir porque nunca han experimentado una sensación tangible de esperanza.

Si bien encontré aquel piano de espineta como consecuencia de un allanamiento de morada, estoy agradecido por el resultado, ya que me salvó la vida por completo. Si miro hacia atrás, sé que si hubiera dedicado mis horas de vigilia a continuar esforzándome por conseguir el sentimiento de pertenencia a una banda de gánsteres, no en la sala de la banda, haría mucho tiempo que me habrían llevado de este mundo. La juventud es un período de la vida sumamente impresionable y, aunque eso puede ser una gran ventaja, también puede ir en detrimento de tu desarrollo si aquello en lo que te estás convirtiendo no es lo mejor para ti. Créeme cuando te digo que esto no solo es aplicable a mis hermanos y hermanas económicamente desfavorecidos, es aplicable a todos los seres humanos. Puedes tenerlo todo, desde el punto de vista material, pero si te juntas con la gente equivocada o no permites que te lleguen las cosas adecuadas, lo único que haces es bloquear el paso hacia tu potencial. Y para aquellos de vosotros que hayáis dado unas cuantas vueltas más alrededor del sol, como es mi caso, la edad no exime de esta regla. Si bien puede que estéis más asentados en vuestro camino, creo que la prescripción para todos los traumas personales que os refrenan ha caducado (o debería hacerlo). Si vuestra posición actual no es la que habíais imaginado, os animo a evaluar vuestro pasado para entender cómo ha influido en quienes sois en la actualidad.

La vida es una hermosa responsabilidad, pero también una hermosa carga. En última instancia es tuya y la has de proteger durante el tiempo que se te ha concedido. Tanto si estás en posición de buscar esperanza como de contribuir a difundirla, te digo: eres más valiente de lo que crees, más inteligente de lo que sabes y más querido de lo que podrías llegar a imaginar.

Por complicado que haya sido, doy gracias por mi camino y por la combinación de hechos que se han producido para ayudarme a destapar la porquería bajo la que estaba enterrado desde el principio. Doy gracias a Dios por aquel piano. Doy gracias a Dios por el señor Powe, por la señora Ayres y por el señor Cook, unas de las primeras influencias en lo que acabaría siendo mi futuro. Hoy en día, la llama continúa ardiendo y es la razón por la que con frecuencia percibo a la primera los ambientes contaminados.

La esperanza puede presentarse de diferentes formas, pero siempre está en la letra pequeña. No se trata de empezar desde arriba, sino de darse cuenta de hasta dónde hay que subir y después no abandonar jamás. Y cuando digo jamás, quiero decir jamás. Dudo que llegues a la cima, y bueno, si lo haces, puede que no estés soñando lo bastante a lo grande.

Si puedes verlo, puedes serlo.

HAY

QUE IR

PARA

SABER

SI

Como acabamos de ver, estar expuesto a más de lo que está disponible para uno en su esfera inmediata de la vida es una variable importante en la ecuación del crecimiento. En pocas palabras, hay que ir para saber. Hay que salir de lo conocido porque caer presa de la comodidad solo te impide experimentar la plenitud de vida que diferentes personas, lugares e idiomas tienen para ofrecer. No solo podrás ver más de la belleza que este planeta tiene para ofrecer, sino que, en tanto que creador, serás capaz de reflejarlo en tu arte.

Sumergirte en la cultura autóctona de un lugar determinado es un aspecto sumamente importante de la vida, ya que en última instancia evita que intentes imponer tu cultura a los demás. Todos somos culpables de tratar de reducir a los demás a lo que nos resulta familiar, pero ya es hora de deshacernos de la mentalidad del yo-me-mío y empezar a centrarnos en el «nosotros», «nos» y «nuestro». No solo hace que nuestra experiencia humana comunitaria sea más significativa, sino que también proporciona un pozo de conocimiento más rico del que extraer sensaciones, lo que contribuye a que seamos personas más creativas.

Por ejemplo, mi creatividad proviene de mis experiencias, y sin experimentar más facetas del mundo solo sería capaz de crear desde una perspectiva limitada. Pensemos en «We Are the World», la canción benéfica que produjimos en 1985 y que se convirtió en el sencillo más vendido de todos los tiempos. Sería imposible que yo hubiera formado parte de aquello si no me hubiera sumergido de lleno en lo que estaba pasando en el mundo: la pobreza, el hambre, los conflictos y una miríada de males. ¿Cómo puedes esperar crear un arte que trascienda las fronteras culturales si tú mismo no eres capaz de relacionarte con alguien del otro extremo de tu ciudad? Uno de los modos principales en que he logrado hacerlo ha sido viajando y sumergiéndome de lleno en otras culturas, desde el idioma hasta la comida y la música.

Hay muchos sabores en este arco iris que llamamos vida, y espero que llegues a probarlos todos. Estoy agradecido por haber aprendido de muy jovencito la lección del «hay que ir para saber», y lo mejor es que no hace falta ser estudiante para ponerla en práctica. De hecho, he aprendido más en el camino de lo que habría llegado a imaginar. Nunca he dejado de abrir el corazón y la mente, y creo que cualquiera que ponga fecha de caducidad a la exploración debido a su edad se coloca en una gran desventaja. Cuando nos cerramos al conocimiento, nos cerramos a nuestra auténtica conexión humana potencial. Ven conmigo a principios de la década de 1950 y te mostraré lo que quiero decir.

De color. Blanco.

Dos simples palabras que poseían el desafortunado poder de dictar todos tus movimientos, desde qué entrada hasta qué baño podías usar. Te decían exactamente dónde no eras bienvenido. Sabía que en los años treinta, cuarenta, cincuenta y sesenta crecer era así, pero hombre, fue una bofetada en toda la cara cuando hice mi primera gira estadounidense en 1951. Mi tema «From the Four Winds» llamó la atención de mi ídolo, el gran director musical Lionel Hampton, y me invitaron a unirme a su big band.

Nos echamos a la carretera con fuerza y aquel año hicimos trescientas actuaciones de una noche, recorriendo todo Estados

Unidos: Tulsa, Wichita, Albuquerque, todas partes. Con un autocar lleno de músicos negros en los años cincuenta, siempre teníamos que llevar un conductor de autobús blanco porque de lo contrario no habríamos podido parar en los restaurantes. El conductor tenía que ir y asegurarse de que no hubiera moros en la costa, o sacarnos la comida afuera.

Nunca olvidaré cuando cruzamos la frontera para entrar en Texas, sobre las tres de la madrugada, con un hambre del demonio, y tuvimos que parar en seis sitios diferentes para intentar conseguir algo que comer, mientras el conductor nos decía que era demasiado peligroso que bajáramos del autocar. No podíamos hacer nada, así que continuamos conduciendo con el estómago vacío y al final llegamos a Dallas tres horas después. Al entrar en la ciudad, pasamos por delante de una iglesia y allí mismo, en el campanario, había una cuerda larga atada a la parte superior con la efigie de un hombre negro colgando de ella, básicamente una indicación para los transeúntes: «Si eres negro, no te pares. Ni se te ocurra entrar aquí». No nos detuvimos.

Encontrar un lugar donde dormir era otra historia; era un proceso absolutamente incómodo y doloroso en cualquier lugar de Estados Unidos al que viajáramos. Después de tocar en un club que se beneficiaba de tener nuestro nombre en las marquesinas, teníamos que salir por la puerta para gente «de color» e ir a buscar un motel para gente «de color» en el que hubiera habitaciones libres. Una noche íbamos por Newport News, Virginia, y no había ni una sola habitación libre en los moteles para gente «de color», así que mi compañero de habitación, Little Jimmy Scott, y yo tuvimos que dormir en una funeraria rodeados de cadáveres.

La única manera de tener un pequeño respiro durante una semana seguida era tocar en el Chitlin' Circuit (el nombre que se daba a los teatros, cantinas con gramola, salas de baile, clubes nocturnos y locales regentados por negros donde los artistas negros podían actuar con seguridad durante la segregación). Habíamos estado en todos, incluidos el Apollo de Nueva York, el Uptown de Filadelfia, el Regal de Chicago, el Royal de Baltimore y el Howard Theatre de Washington, D.C. Aquellas eran las únicas salas donde podían programar con comodidad actuaciones de negros, así que acabábamos tocando unas cuatro veces al año en cada una de ellas.

Por un lado, éramos artistas célebres, pero en cuanto bajábamos del escenario y soltábamos las trompetas y los saxofones se nos volvía a reducir al color de nuestra piel. Mi padre siempre me recordaba la frase: «Ni una gota de mi autoestima depende de que me aceptes». Así que mi viejo amigo Ray Charles (a quien había conocido en Seattle cuando yo tenía catorce años y él dieciséis) y yo nos lo repetíamos mutuamente cuando nos las veíamos con el racismo; era la única actitud que nos hacía salir adelante. Sin embargo, aquellas palabras, pese a su fuerza, no nos blindaban. Independientemente de cómo me lo planteara, lo que soportábamos a diario era profundamente doloroso. Y todavía me impresionaba más ver a aquellos músicos mayores a quienes admiraba despojados de su humanidad una y otra vez.

En total, estuve tres años con Hamp (el apodo de Lionel). Pero cuando empecé a acompañarle, algunos de aquellos tipos llevaban en la carretera más de treinta años lidiando con aquel mismo trato. Puede que pasar por aquello cada día de la vida fuera contra nuestros instintos naturales, cuando podríamos habernos quedado en casa con personas que se parecían a nosotros, pero aun así elegimos viajar y actuar porque era nuestra forma de libertad. Sí, seguro que era un bofetón a nuestra dignidad, pero en el fondo sabíamos que nuestra música era mucho más poderosa que cualquier restricción que nos pusieran sobre adónde podíamos ir y adónde no. Y lo más importante, nos mantuvimos unidos, y cuando funcionas como una unidad aprendes a desarrollar una serie de mecanismos de supervivencia para evitar que la ira se desborde. El humor y el ingenio, junto con nuestra pasión por la música, fue lo que de verdad nos impulsó a salir adelante. En la carretera, cada vez que nos enfrentábamos a la frase «Aquí no servimos (a) negratas», teníamos un chiste recurrente, nos reíamos y contestábamos: «Genial, porque no nos los comemos». No podíamos dejar que nos echaran de aquella manera, así que teníamos que actuar por nuestra propia cuenta.

En contraste con la división del país, una de las partes más bonitas de aquella gira del 51, y de la comunidad del jazz en general, era la camaradería con los demás músicos. Puesto que a mis dieciocho años yo era el más joven, algunos de los gatos más viejos siempre me cogían aparte para dejar caer algún consejo. La frase que decían todos, desde Count Basie hasta Coleman Hawkins y Benny Carter, era: «Pasa a mi despacho un momento, jovenzuelo. Yo te cojo el abrigo» (que quería decir: «Ven para aquí, que te voy a enseñar un par de cosas»). Ahí fue cuando aprendí por qué Dios nos había dado dos orejas y una boca: porque se supone que hemos de escuchar el doble de lo que hablamos. En cambio, de haber querido que habláramos más de lo que escuchamos, nos habría dado dos bocas. A aquella edad aprendí rápidamente que cuando alguien sabe de qué habla lo que has de hacer es callar. Aquella lección resultó ser importante, porque si no captabas las reglas de la carretera, te dejaban de lado.

Uno de los consejos más importantes que me dieron lo recibí con veinte años del legendario saxofonista Ben Webster (conocido como «el Bruto»). En 1953, justo antes de mi primera gira por Europa con Hamp, Ben me cogió aparte y me dijo: «Jovenzuelo, allá donde vayas con él, quiero que te aprendas treinta o cuarenta palabras de la lengua del país. Si aprendes la lengua, te llevará hasta la comida y la música. Así que quiero que escuches la misma música y comas la misma comida que ellos, porque el alma de un país se identifica por su música, por su comida y por su lengua. Hay que ir para saber». Me guardé el consejo en el bolsillo trasero y esperé con ansia a ponerlo en práctica en la carretera.

45

Cuando llegamos a la estación de Palais d'Orsay de París en un tren procedente de Suiza sobre las ocho de la tarde, nos dio la bienvenida una vista imponente del cielo carmesí abrazando la silueta de la Torre Eiffel. Era una de las más bellas que había visto en mis veinte años de vida. La ciudad tampoco me decepcionó. París era un sueño para un músico de jazz. Como consecuencia de que los soldados negros hubieran llevado el jazz a Europa tras la Primera Guerra Mundial, los franceses nos recibieron con los brazos abiertos, una acogida muy diferente a la que teníamos en nuestra propia casa, en Estados Unidos. Fue una época magnífica. No solo tocaba en una de las bandas de mi ídolo en un lugar que nos aceptaba por quiénes éramos, sino que estar en la carretera era como asistir a la universidad de la música.

En el primer restaurante en el que paramos en Francia, yo estaba decidido a seguir las instrucciones de aprender la lengua, así que intenté leer la carta. Cuando vi todas aquellas palabras extranjeras en la página, lo único que pude descifrar fue «bistec con potaje». Pensé: «Bueno, ¡nada puede fallar con un bistec estofado!», pero el plato resultó ser una especie de sopa de avena. Seguí equivocándome por todas partes, pero, con todo, aprender a hablar una lengua era una experiencia inmensamente gratificante. Aunque al principio resultara intimidante, poco a poco las cosas fueron cobrando sentido. Una palabra aquí, otra allá…, todo sumaba. Desde Francia a Suecia, a Grecia, a Pakistán, estaba decidido a comunicarme como lo hacía la gente de allí.

Lento pero seguro, a lo largo de mis viajes con la banda, ese proceso me abrió los ojos a cómo se comunican los humanos a través de las fronteras. Ben tenía razón: aprender algo de la lengua me llevó directo a la comida. Cuando por fin fui capaz de leer la carta, pude expresar con exactitud lo que quería pedir. Paella, pastel de carne, feijoada, pollo Marbella, lenguado meunière…, mi cabeza procesaba maravillada los gustos incomparables y el arte que había tras la creación de cada chef. El hecho de que aquellos cocineros supieran qué especias mezclar para que en cada plato hubiera armonía y delicado equilibrio me abrió los ojos a la creatividad que implicaba la cocina, sin duda un nivel superior a la cocina de supervivencia que estaba acostumbrado a comer en casa.

Enterarme de la variedad de alimentos que había en el mundo y del uso de ingredientes básicos que eran comunes a una cultura concreta me hizo entender que la comida y la música están inextricablemente relacionadas.

Piénsalo. ¿Cuál es el instrumento más agudo y destacado de una orquesta?

¡El flautín!

Ahora piensa en la cocina. ¿Cuál es el gusto más fuerte que sube por encima de cualquier otro?

¡El del limón!

En mi opinión, el equivalente culinario del flautín es el limón. Por mucha salsa picante y ajo o cualquier otra cosa que le eches a un plato, el limón las elimina a todas, igual que hace el flautín en una orquesta sinfónica. Los sabores de la comida y los fundamentos de la música están íntimamente relacionados, y eso me enseñó a cocinar como un orquestador y a orquestar como un chef. Cuanto más profundizaba, y cuanto más entendía cómo mezclar diferentes gustos y sonidos, más eran las combinaciones con las que era capaz de jugar.

De algún modo, sentía como si Ben me hubiera entregado el código secreto de la vida. Aquello me dio la vuelta completamente. Yo venía del gueto de Chicago y solo conocía lo que me resultaba familiar. Pero tras experimentar en el extranjero con lenguas, comidas y músicas nuevas, se abrió ante mí todo un mundo también nuevo que infundió más vida al mío. No tenía que aprender una lengua perfectamente, ni probar todas las comidas, ni escuchar toda la música. Solo tenía que estar abierto a ellas para entender y reconocer lo que hacía vibrar a las gentes de las diferentes regiones.

Viajar me ayudó a ver las cosas de otro modo. Y sobre todo me ayudó a que me vieran de otra manera. En la gira por Francia, los franceses nos aceptaban por quiénes éramos: músicos, no músicos negros. Nos cuidaban, amaban nuestra música y amaban a nuestra gente. De no haber sido por los franceses, no tendríamos jazz. Lucharon por él en Congo Square en la época de la esclavitud, y por toda Europa después. Fue la primera vez en mi vida en que me sentí libre en tanto que hombre negro y músico. No tenía que ver con tu aspecto, sino solo con si sabías tocar. Me mostraron lo que significaba el amor y el respeto auténticos por las diferencias.

Francia me evoca muchos de los recuerdos más intensos y cálidos de mi vida. En cierto modo, Europa me ayudó a definirme como joven músico y a encontrar mi lugar en el mundo. Me ayudó a salir de Estados Unidos, donde tenía todos los problemas delante de la cara, precisamente por el color de ella, y así era imposible separar mis luchas de mi música. Ver la alegría y el sufrimiento que experimentaban los diversos pueblos en el extranjero me enseñó que tengo más en común con mis hermanos y hermanas de la otra punta del mundo de lo que yo pensaba. Viajar se convirtió en una celebración de las diferencias culturales. Me abrió el alma y la mente a un mundo mucho más grande que la caja en la que el racismo había intentado encerrarme.

Tras haber experimentado ese tipo de libertad intercultural por primera vez en Europa, me fijé como objetivo intentar buscarla en mis viajes posteriores, y desde entonces no he dejado de hacerlo. Como ventaja adicional a la lección de Ben, reconocer la cultura de una ciudad a través de la lengua, la comida y la música de sus habitantes me proporcionó una nueva perspectiva del pasado, el presente y el futuro. Leer sobre la historia de un grupo de personas determinado es totalmente diferente a sentir la historia mientras caminas por sus monumentos y lugares de guerra o sentarse con alguien de la zona a escuchar su punto de vista sobre la influencia que el pasado ha tenido en el presente.

En tanto que estadounidense, me molesta saber que, al momento de escribir este libro, los Estados Unidos no tienen Ministerio de Cultura. Es el reflejo de una mentalidad social venenosa según la cual la historia y la cultura son irrelevantes. Pues bien, yo digo que la cultura es cualquier cosa menos irrelevante. Has de saber de dónde vienes para conseguir llegar adonde quieres. Sin esa base no sabrás quién eres, y no puedes esperar crear honradamente sin saber la verdad. Además, las huellas de la interculturalidad están por todo el arte moderno; solo hace falta mirar con atención.

Por ejemplo, la mayoría de las veces, cuando pregunto a los artistas de dónde viene el break dance, contestan que del Bronx. ¡Mal! Viene de la capoeira, un tipo de arte marcial disfrazado de danza que surgió hace miles de años entre los esclavos africanos procedentes de Angola y Brasil. Un amigo que coreografió los Juegos Olímpicos de Río 2016 se propuso demostrarlo haciendo actuar a bailarines de break dance del Bronx y después a bailarines de capoeira brasileños. Quedó claro que cada paso que interpretaban los bailarines de break dance era una evolución de aquella forma de arte.

Por otra parte, cuando pregunto a los artistas de dónde viene el rap, normalmente no saben darme una respuesta directa. Pues bien, tiene su origen en los imbongi, los griots y los historiadores orales de África. Desde nuestra música hasta nuestra jerga procede de aquellos que nos allanaron el camino. ¡Lester Young llamaba colega a Count Basie hace noventa años! Doowop, bebop, hiphop, *laptop*: todo forma parte de la misma evolución. La gente no suele hablar sobre por qué terminamos con el bebop, el doo wop y el hiphop, pero es porque todos son el resultado sociológico de una existencia muy dolorosa. Nuestra música no nació de la costa este, nació de la esclavitud. Eso debería cambiar radicalmente la forma en que vemos nuestro arte.

Creo que la música es el pulso de la vida porque tiene la capacidad de hablar a todo tipo de personas, independientemen-

49

te de su color o su origen. De hecho, las crónicas indican que el primer texto poético de estilo rap del que se tiene constancia fue «Kinesiska Muren», una canción fechada en Europa a principios del siglo xx, compuesta por Evert Taube, autor, artista, compositor y cantante sueco. Él y su hijo, Sven-Bertil Taube, eran expertos en canciones folk de Estocolmo. Más tarde, Dag Vag rehizo «Kinesiska Muren» y en mayo de 1981 la canción se colocó entre las diez primeras posiciones de la lista Billboard de éxitos mundiales.

No puedes permitirte acomodarte hasta el punto de llevar la ignorancia por bandera y pensar que está bien no saber lo que sucedió antes de ti. No saber nunca es bueno. No dejo de decírselo a los cantantes de hiphop. No podemos permitirnos criar a una generación de creadores que piensen que son las únicas personas del mundo o las primeras en habitarlo. La gente que no conoce su historia o cómo celebrar las diferencias culturales se queda con ideas preconcebidas y estereotipos, que es en buena parte por lo que existe el racismo en la actualidad.

Por eso lo paso tan mal cuando oigo a los raperos usar la palabra negrata en su música. Quizá pienses que estoy un poco anticuado, lo sé, pero solo lo digo porque lo he vivido. Si la gente hubiera sufrido el dolor profundo que acompañaba a esa palabra, probablemente no la utilizaría tan a la ligera en su arte. La he oído utilizada de muchas maneras, y es como si a los artistas les pareciera que si seguimos jugando con ella perderá su significado. La palabra original, de raíces eritreas, en su día simbolizó a un tipo de monarca y era un término afectivo. Pero en la actualidad, se mire por donde se mire, hay demasiada subjetividad ahí fuera como para utilizarla con esa despreocupación en letras de canciones, letras de canciones que cantará en voz alta gente de cualquier entorno.

Cuando cumplí ochenta y cinco años, mi equipo de Quincy Jones Productions y yo hicimos una gira orquestal por Europa y actuamos en Londres, París, Budapest y Suiza. Fue increíble ver cómo, noche tras noche, gente de todas las edades, razas, religiones y clases sociales llenaban las salas de concierto. Llevo más de setenta años viajando en nombre de la música y he sido testigo en repetidas ocasiones de la capacidad que tiene la música de unir a gente de todas las condiciones sociales. La realidad dice más que cualquier palabra que yo pueda escribir. Independientemente de en qué lugar del mundo me encuentre, cuando acabo una sesión de grabación con colaboradores solemos ir a casa de alguno de nosotros y cocinamos, tocamos música nueva y charlamos y reímos juntos. Siempre se crea una atmósfera de auténtica conexión, y más espacio para la creatividad y la experimentación musical.

Hoy en día, continúo tomándome en serio el consejo de Ben Webster y lo pongo en práctica en todas mis paradas, ya tengo conocimientos básicos de cerca de veintisiete idiomas: francés, sueco, servo-croata, farsi, iraní, turco, griego, ruso, katakana y muchos más. La verdad es que no hay regalo más bonito que sentirse como en casa en cualquier lugar del mundo al que voy y ver a la gente por lo que realmente es. Tanto si se trata de la diferencia de significado en una palabra por la colocación de un acento, como de las diferencias de sabor de los ingredientes o de las diferencias en la música del mundo, has de abrir el corazón y la mente para ser capaz de entenderlas y celebrarlas todas.

De modo que si solo coges una cosa de esta Nota, por favor, hazme caso: «hay que ir para saber». *Je t'aime dix mille foix!*

ESTABLECE TUS PUNTOS DE REFERENCIA

DO

$\mathcal{A}$hora que lo tienes todo listo para tu próxima aventura, quiero compartir contigo otra lección que durante uno de mis viajes descubrí que era de suma importancia: establecer puntos de referencia para mantenerte conectado con quién eres. Si no has sentado unos buenos cimientos de ti mismo, no tiene ningún sentido que intentes convertirte en el mejor músico, o la mejor ejecutiva, o el mejor actor, o lo que sea que quieras ser, porque todo se vendrá abajo en cuanto se crucen los problemas y la desesperación. Si no sabes quién eres desde el principio, en el mejor de los casos te perderás; en el peor, dejarás que otro decida por ti.

Ahí fuera veo a demasiados tipos atrapados en el entusiasmo de la fama que después se sumen en una depresión, a menudo porque han perdido de vista quiénes son y qué les impulsó a crear en un primer momento. El talento viene de la mano de la responsabilidad, y gestionar tus dones puede convertirse en una carga si todavía tienes que identificar cómo reaccionarás ante las presiones externas. Con una tecnología y unas redes sociales que hacen más fácil que nunca hacer aumentar el número de seguidores, la sociedad ha puesto un énfasis alarmante en temas superficiales, a menudo pasando por alto al individuo como

un todo. Ahora que esas plataformas han llegado para quedarse, en cada situación hay una capa extra de escrutinio. No solo se
tratan los momentos vergonzosos o los fracasos de la vida personal, sino que se magnifican públicamente. Con eso basta para
destruir a cualquiera que no tenga unos buenos cimientos.

Por eso es necesario establecer unos puntos de referencia que te recuerden constantemente quién eres, por encima de
las distracciones de la vida. Aunque aún tengo que encontrar
un método que vaya bien para todo el mundo, personalmente
he descubierto que la práctica de afirmaciones positivas resulta bastante efectiva. No voy a ponerme espiritual, pero hay que
decir que la repetición tiene su poder. Si no quieres que las fuer-
zas externas definan quién eres, has de combatirlas tanto con
palabras como con actos que te recuerden tu identidad. El éxito
que tengas en cualquier campo será tan fuerte como los cimientos que sientes para ti mismo.

Ojalá hubiera sabido esto a los veintiséis años, cuando me
llevé una banda de dieciocho músicos y un grupo de viaje de
treinta y tres personas en total de gira por Europa, sin nada que
ofrecer salvo promesas rotas y una crisis de identidad en estado
avanzado. Estuve peligrosamente cerca de quitarme la vida porque allí, por un momento, perdí de vista quién era. Para comprender cómo llegué a ese punto y, lo que es más importante,
cómo salí de él, he de remontarme al inicio.

Free and Easy. *1959*

En aquel momento estaba casado con mi amor del instituto, Jeri
Caldwell, y tenía una hija con ella, Jolie. Nos mudamos a Nueva
York después de mi regreso de la gira por Europa con la big band
de Lionel Hampton. Había estado en varias bandas y estaba an-
sioso por fundar la mía. Además, había una demanda creciente de big bands. Con el desarrollo que experimentaban los vue-
los de pasajeros, se preveía que para 1964 las bandas pudieran

hacer actuaciones de una sola noche en Inglaterra o Alemania con la misma regularidad que en Nueva York o Pittsburgh. Europa prometía convertirse en parte importante del itinerario de cualquier banda, así que parecía el momento perfecto para hacer realidad mi sueño de formar una big band.

Estaba decidido a contratar a los mejores músicos posibles. Sin embargo, tratar de encontrar músicos que estuvieran dispuestos a pasarse un mes entero en la carretera sin bolos garantizados era el modo perfecto de conseguir un gran «No». Tras semanas de tener los oídos bien abiertos por si surgían oportunidades, me puse en contacto John Hammond, renombrado cazatalentos y ejecutivo de la discográfica Columbia Records. Sabía que él entendería lo que trataba de hacer. Le conté mi idea y me remitió a Stanley Chase, quien necesitaba un director musical. Stanley fue el productor de *Free and Easy*, una obra de Harold Arlen/Johnny Mercer que estaba programada para estrenar en Europa con Harold Nicholas. Contacté con Stanley y, tras hablar sobre mi plan y su búsqueda de director musical, llegamos a un acuerdo en el que yo asumiría ese papel y montaría la banda de mis sueños para echarnos a la carretera como parte del musical.

El plan era llevar la obra a Europa durante unos meses para ensayar en París. Después iríamos a Londres, donde Sammy Davis Jr. reemplazaría a Harold Nicholas. Cuando todas las escenas salieran perfectas regresaríamos a Nueva York y actuaríamos en Broadway. Ser el director musical de una obra de Broadway había sido mi sueño desde niño, cuando empezaba a saber de la profesión, y no pensaba dejar que aquella oportunidad única en la vida se me escurriera entre los dedos.

Con un bolo garantizado para mi banda en el bolsillo, cogí el teléfono y le pedí a todos los músicos con los que siempre había soñado trabajar que se unieran a mí. No solo tenía una obra programada, también les prometí que contrataría bolos extra mientras estuviéramos allí. En unos días reuní una big band de infarto y me propuse convertirla en el mejor grupo del mundo.

En octubre de 1959, la revista *Downbeat* publicó un artículo sobre *Free and Easy* en el que decía: «La obra está llena de primicias. Dado que Quincy Jones está escribiendo la música del espectáculo, será el primer musical de Broadway compuesto por un compositor y arreglista de jazz, posiblemente el primero que ha utilizado una orquesta de jazz [sobre el escenario] en lugar de dejarla en el foso. También será el primer espectáculo de Broadway en hacer las funciones de prueba en Europa en lugar de los habituales Boston, Hartford, Bridgeport y Filadelfia».

El *New York Times* escribió: «El señor Jones dice con el fervor del novato: "O navegamos a toda vela o hundimos el barco"». Y yo estaba decidido a navegar a toda vela.

Cuando llegamos a Europa estuvimos imparables. Nos pasamos dos meses ensayando la obra de principio a fin. Cuando tuvimos arreglados todos los flecos, llegó la hora de debutar en la carretera. Con un elenco y un equipo de casi setenta personas viajamos de Bruselas a Holanda y después a París para el estreno en el teatro Alhambra.

Pero, lamentablemente, nuestra obra coincidió con el apogeo de la Guerra de la Independencia de Argelia. El fuego de ametralladora resonaba por todo París. Policías y soldados recorrían las calles sin pausa, en la portada del *Herald Tribune* apareció un aviso que decía: «Se aconseja a las personas de piel morena que se mantengan alejadas de la calle después de las seis de la tarde». Y, hombre, nosotros teníamos la piel algo más que morena. Aunque Francia había sido vista como un refugio del racismo estadounidense, sobre todo para nosotros, los músicos de jazz, no significaba que la gente de piel más oscura estuviéramos exentos de quedar atrapados en medio de la guerra entre los franceses caucásicos y los franceses argelinos.

Tanto si nos dirigíamos a casa como al teatro, a muchos nos paraba la policía. Nunca olvidaré lo que me ocurrió una noche, después de ir en taxi a casa de un amigo (el gran pianista Art

Simmons). Al bajar del coche, me recibió el clic de una pistola junto a mi cabeza; cuando vi que quien me apuntaba era la policía, mi reacción inmediata fue levantar las manos. Aquella atmósfera de miedo empezó a impregnar cada rincón de la ciudad y a la gente le daba pánico salir de casa para ir a la tienda, no digamos ya al teatro.

La obra empezó a perder dinero incluso antes de que tuviéramos una oportunidad razonable de demostrar la calidad de nuestra producción.

Tras evaluar el perjuicio económico, el productor dijo a los actores que solo teníamos que pasar dos meses más en París. Así podríamos seguir nuestro plan original e ir a Londres, y después a Broadway con Sammy Davis Jr. Luchamos con uñas y dientes para conservar nuestro hueco en el teatro Alhambra durante unas seis semanas. Cuando solo faltaban catorce días para marcharnos, el productor nos reunió a todos un jueves y nos dio la noticia: «El avión sale el sábado. Si alguno de vosotros pierde ese vuelo, se quedará atrapado aquí».

No podía creer lo que oía. Había reunido la big band de mis sueños y llevado a todos los músicos a París para formar parte de lo que se suponía que iba a ser uno de los espectáculos itinerantes más destacados hasta la fecha. Además, tras cuatro meses tocando juntos, la banda había alcanzado el punto óptimo. Algunos críticos destacados habían puesto a mi banda en el número tres de la lista de las mejores big bands, por detrás de las de Duke Ellington y Count Basie. Aquellos reyes del jazz habían dominado la escena durante mucho tiempo, así que ver mi nombre junto al de aquellos ídolos era un sueño hecho realidad. También habíamos conseguido lanzar mi disco de big band autogestionado, *Birth of a Band*, a través de Mercury Records. Empezábamos a tener críticas muy favorables, y sabía que, si regresábamos en aquel avión, todo cuanto tendríamos tras aquellos meses en Europa sería un espectáculo fallido y un disco que no habría girado debidamente.

Nada más escuchar la decisión final del productor, reuní a mi banda. Les rogué que me dieran un día para pensar cómo quedarnos todos en Europa. Ya tenía contratados dos bolos para aquella semana, uno en el Olympia de París y otro en Estocolmo, y tenía que encontrar la manera de cumplir con aquellas fechas.

En veinticuatro horas ideé un plan para que la banda continuara trabajando junta en Europa. Sin embargo, en cuanto las palabras salieron de mi boca y llegaron al corazón de los miembros de mi banda, supe que me había apuntado a mucho más de lo que preveía.

Llegó el sábado y los actores y el equipo se marcharon, salvo mi banda y yo. Había treinta y tres personas en total, incluidos mis dieciocho músicos, algunas de sus esposas e hijos, mi propia esposa y mi hija, una cantante de ópera clásica llamada Eli Hodges (a quien había contratado también como ayudante), la madrastra de uno de los músicos y los perros de dos miembros de la banda. Aunque los músicos de las big bands nunca estábamos en ellas por el dinero ni la fama, tenía que encontrar la manera de pagarles y cubrir sus necesidades básicas. Así que, tras ubicarles lo mejor que pude para pasar la noche, me puse al teléfono manos a la obra.

Contacté con un promotor francés que nos consiguió dieciséis fechas en Francia y nos prometió anticipos en cada una de ellas. Sabiendo que aquel dinero nos estaba esperando, alquilé un pequeño avión hecho polvo para ir a Estocolmo, Suecia, para el bolo que teníamos el fin de semana. Sin embargo, cuando regresamos a París, el promotor francés se había largado de la ciudad con nuestros adelantos de las dieciséis fechas: tanto él como nuestro dinero se habían esfumado. Lo que continuaba avanzando era la guerra argelina. Viajar en aquel contexto no era en absoluto seguro, y no teníamos ni mánager ni representante. Yo prácticamente no tenía experiencia contratando una gira, si es que se le podía llamar así, ya que tocábamos en cualquier sitio que encontrara. Tiré de la banda por Holanda, Bélgica, Italia, Yugoslavia, Finlandia, Austria, Alemania, Suecia, otra vez Alemania, después Francia, Suiza y finalmente Portugal. Vagábamos como mendigos, viajando en autocar, tren, coche o a pie.

Mientras juntaba monedas para mantenernos alimentados, llamaba a amigos de todas partes para ver si necesitaban una banda. Para mi sorpresa, el promotor de conciertos Norman Granz nos ofreció un hueco de tres semanas como teloneros de la primera gira europea de Nat King Cole. Nat era uno de los mejores músicos que había sobre la faz de la tierra y conseguir pasar aquellas tres semanas de gira con él me proporcionó la tranquilidad de que estaba haciéndolo bien. También me permitió ganar dinero rápido para seguir adelante. Con todo, al acabar las fechas con él, pagué a los músicos y me encontré justo donde estaba al principio: sin blanca. La verdad es que siempre lo estábamos, pero ahora estábamos totalmente pelados.

Los componentes de la banda parecían un montón de ratas callejeras sentadas en los andenes de las estaciones de tren, mientras yo pedía favores desde la cabina más cercana. Cuando ya no nos podíamos quedar más en la estación de tren, dormíamos en autobuses hasta que conseguía cerrar la siguiente actuación. Aunque muchos de los integrantes de la banda eran mucho mayores que yo, tenía que mantenerlos. Se lo había prometido. El estrés se acumulaba y yo estaba en un estado de pánico constante, siempre esperando a que me transfirieran préstamos para poder conseguir al menos una habitación de hotel para algunas de las familias.

Justo cuando pensaba que estábamos acabados, Brice Sommers, jefe ejecutivo de la sucursal suiza de Mercury Records International, junto con su esposa, Clare-Lise, nos pagaron un vagón de tren entero para sacarnos de Yugoslavia. Después de pagar a la banda, me quedaban unos 62.000 dólares en moneda yugoslava, que básicamente no servía de nada fuera del país. Hice una apuesta y me gasté todo el dinero en unos cuantos billetes de tren a cualquier ciudad que se me ocurriera. Tenía la esperanza de que si ya estábamos en una ciudad con fechas libres podríamos asegurarnos actuaciones para esa noche. Mi idea era recuperar el dinero yugoslavo, pero pagar el transporte de una big band con sus familias es cosa seria, sobre todo cuando no estás seguro de si conseguirás una actuación cuando llegues a destino. Si adivinaba adónde teníamos que dirigirnos, teníamos trabajo. Si me equivocaba, dormíamos en el autobús o tren más cercano, o los metía en un motel hasta que conseguía algo más permanente.

Después de unos diez meses de arrastrar a treinta y tres personas por Europa y tener que conseguir 4.800 dólares a la semana solo para cubrir sus necesidades básicas, dentro de mí todo se desmoronaba. Mi mente, mi cuerpo y mi alma. Llevaba vivo veintiséis años, pero tenía la sensación de que el peso del mundo me había envejecido el triple. Los músicos empezaban a romperse también.

Cuando por fin llegamos a un hotel para pasar la noche en Turku, Finlandia, estaba al límite. Había suplicado y pedido prestado a todo el mundo que se me había ocurrido y sobrexplotado todos los favores imaginables. Una big band del todo encallada en Europa no era precisamente el tipo de inversión en el que la gente quería poner su fe y/o su dinero. No tenía manera de hacer regresar a la banda a casa y había agotado todas mis fuentes de ayuda.

En mi habitación, repasaba una y otra vez los acontecimientos de los últimos meses. No podía aceptar el hecho de que mi gran plan de hacer una gira con mi primera big band no hubiera salido como había previsto. Estaba enfadado. Cuando había aceptado el cargo de director musical de *Free and Easy*, sabía que me cambiaría la vida, no que acabaría con mi carrera.

Quería huir. Necesitaba huir. La idea de tener que devolver todo el dinero que había pedido prestado daba vueltas en mi cabeza y calculé que valía más muerto que vivo.

Para empeorar las cosas, aquella semana también recibí una carta de mi padre suplicándome que le contestara, ya que llevaban casi un año sin saber de mí. Darme cuenta de que había dejado olvidados a mi padre y a mi hermano pequeño, Lloyd, me dolió en el alma. Notaba la decepción en las páginas de aquella carta que había viajado miles de kilómetros para llegar hasta mí. Su cumpleaños había sido hacía poco, pero allí estaba yo, atrapado en Turku, Finlandia, sin dinero siquiera para enviar a mi padre una simple carta de respuesta. Lo único que quería era levantarme, salir y enviarle una postal de cumpleaños, pero sabía que en cuanto saliera tendría que enfrentarme a lo que me esperaba al otro lado de la puerta.

La presión de intentar mantener a treinta y tres personas en un país extranjero sumada a la presión de ser conocido como un fracaso era insoportable; fue la primera vez en mi vida que contemplé el suicidio. No solo lo pensé, sino que pensé a fondo cómo hacerlo. Cualquier cosa me parecía más tentadora que la presión creciente a la que estaba sometido cada día.

Sin alternativas, y como último recurso, empecé a rezar. No sabría decir cuánto tiempo pasé sentado al borde del precipicio que separaba la vida de la muerte. Tanto si fueron minutos como horas, empezó a filtrarse en los niveles más bajos de mi mente algo que me decía mi padre cuando yo era niño: «Fuiste creado con un propósito». Yo no sabía exactamente cuál era ese propósito, pero mientras estaba en aquel estado profundo de confusión y rezo, fue como si se encendiera un interruptor, uno que iluminó una esperanza recién descubierta en un futuro desconocido. Aunque fuera la última cosa que hiciera, tenía que hacer un último intento de seguir adelante, mental y físicamente.

Con apenas la fuerza suficiente para repasar mi fichero mental de contactos, decidí llamar a una persona con la que todavía no había contactado: Irving Green. Irving había fundado Mercury Records, el sello con el que había publicado *Birth of a*

Band. Le conté mi situación y que estaba al límite. Inmediatamente me envió un préstamo de 1.700 dólares. Al ver que aquel hombre tenía intención de ayudarme, supe que tenía que darme cuenta de algo.

El préstamo de Irving me dio confianza para volver con la banda a Estados Unidos, pero en términos de logística continuaba necesitando más dinero. Planeé estratégicamente mis siguientes movimientos y después le pedí a mi esposa, Jeri, que me ayudara a contactar con Charlie Hansen, el copropietario de Silhouette Music (una discográfica que habíamos fundado juntos cinco años antes, en 1954), para conseguir un anticipo de 14.000 dólares por mi participación de todas mis canciones. No teníamos ni idea de que la letra pequeña se llama letra pequeña por algo y que un anticipo de 14.000 dólares por mi parte de la editorial era de hecho una venta del 100 por cien que más tarde me costaría 105.000 dólares volver a comprar.

En cualquier caso, la venta me proporcionó lo suficiente para embarcarnos todos en el United States, un barco lento que zarpaba de Le Havre, Francia. Nunca había llorado delante de mi banda, pero hay una primera vez para todo. Mirar a mis compañeros de la banda a los ojos y saber que les había fallado fue una sensación muy bochornosa. Por un lado, estaba aliviado de volver a casa, pero por otro continuaba sintiendo el peso de la decepción. Aunque al regresar a Nueva York intenté mantener a la banda unida, todavía nos perseguían las consecuencias económicas de aquella gira. Algunos de aquellos hombres perdieron su casa, otros perdieron relaciones y otros perdieron ambas cosas. Era una carga inmensa para llevar y yo sabía que si no iba con cuidado volvería a encontrarme justo en el mismo punto en que había estado en aquella habitación de hotel de Turku, Finlandia.

Aquel calvario me demostró lo engañosamente fácil que es caer en la trampa de perderse de vista a uno mismo. Por encima de todo, despertó en mí una sensación de urgencia por descubrir cómo salir adelante. Bajo el velo de la culpa, la vergüenza y los pensamientos de suicidio, prometí repetirme afirmaciones positivas cada día de la vida. No sabía exactamente por dónde empezar, ya que articular mi propósito en la vida parecía una tarea demasiado abrumadora, pero empecé simplemente verbalizando y afirmando el tipo de persona que deseaba ser, junto con cosas relativas al estándar de carácter que ya había manifestado. Con el tiempo, eso dio paso a una sensación más profunda de creer en mi futuro, el cual se extendía mucho más allá de mí mismo. Lo bonito de esta práctica es que la repetición sirvió para reconfigurar mi subconsciente mitigando los pensamientos negativos que trataban de tomar el control.

Aunque el vocabulario de mis afirmaciones positivas ha cambiado a medida que me he ido haciendo mayor, el corazón y el alma de mis palabras continúan siendo los mismos. Hoy en día, se parecen un poco a esto:

63

Padre nuestro que estás en el cielo, santificado sea tu nombre; venga a nosotros tu reino; hágase tu voluntad en la Tierra como en el cielo. Danos hoy nuestro pan de cada día; perdona nuestras ofensas, como también nosotros perdonamos a los que nos ofenden; no nos dejes caer en la tentación, y líbranos del mal. Amén. Tengo una inteligencia divina consciente y un conocimiento directo de la verdad. Lo sé porque me guía Dios. Dios me guía con voluntad divina para ayudarme a seguir construyendo un personaje que pueda amar y respetar, en el que pueda creer y con el que pueda vivir para siempre, de manera que pueda estar siempre ahí, fuerte, para mis queridos hijos y nietos por cualquier motivo, y para mis queridos amigos y sus queridos hijos, y para mis amados hijos en todo el mundo. He estado a su lado desde el principio, porque realmente soy uno de ellos, y sé lo que se siente siendo una rata callejera. Doy gracias a Dios por dejarme estar ahí para esos chicos, y por haber tenido mentores que creyeron en mí. Al haber perdido a mi madre a los siete años, reconozco que me crie como esos chicos, y siempre seré uno de ellos. Así pues, permíteme cuidar, proteger y mejorar mi salud, porque sin ella ninguna otra cosa importa. Desarrollaré mi valor para el mundo, y los talentos que Dios me ha dado, hasta que lo abandone. Lo prometo.

No quiero ni imaginar lo que habría ocurrido si me hubiera abandonado aquel día en mi habitación de hotel. No sé qué clase de legado habría dejado, pero seguramente habría sido algo así como un chaval de veintiséis años que dejó a su big band tirada en Europa. Créeme, es más fácil decirlo que hacerlo, pero merece la pena vivir la vida. Yo la he vivido y no tengo intención de dejar de hacerlo en un futuro próximo. Si esperas a estar con la espalda contra la pared para establecer tus puntos de referencia, seguro que las probabilidades estarán a favor de tu oponente. De modo que averigua qué aspecto tienen para ti tus puntos de referencia y establécelos pronto. No me refiero a la edad; tanto da cuánto lleves en el mundo porque está claro que el pasado pasado está, pero el futuro también es el futuro. Siempre se está a tiempo de ir por el buen camino.

Estaría mintiendo con malicia si dijera que después de *Free and Easy* todo fue relajado, porque no lo fue y continúa sin serlo, pero no te rindas nunca, por favor. Aunque tardé siete años enteros en devolver las deudas generadas en aquella gira, cuando miro atrás, los años siguientes sin duda han sido mucho más brillantes que aquel período de mi vida. De hecho, tras regresar a Nueva York conseguí mi primer trabajo de verdad, como A&R (artistas y repertorio) para Mercury Records; me contrató Irving Green para ayudarme a devolver mi deuda. Más tarde llegué a vicepresidente de esa misma empresa, y me convertí en el primer ejecutivo negro de una gran discográfica. También encontré a Lesley Gore, a quien terminé produciendo dieciocho canciones de éxito, entre ellas, «It's My Party» y «You Don't Own Me». Curiosamente, una de las canciones que rescaté de mi catálogo de Silhouette Music fue «Soul Bossa Nova», que después lancé en 1960. Treinta y siete años después se convertiría en la canción de la franquicia *Austin Powers*, empezando en 1997 con *Misterioso agente internacional*.

Hablando de misterios, nunca se sabe lo que te va a deparar la vida. Pero lo que debería mantenerse firme son tus cimientos. No estoy aquí para decirte qué has de hacer, sino solo lo que me ha funcionado a mí, con la esperanza de que te inspire para seguir adelante y no rendirte nunca: en tu arte, en tus sueños, en la vida. Con un entendimiento general de que nuestros pensamientos tienen un papel importante en la dirección que toman nuestros caminos, es básico continuar entrenando esos pensamientos de forma proactiva para que sigan apuntando al norte, con la ayuda de puntos de referencia, independientemente de la forma que tengan estos para ti. Personalmente, no pasa un solo día en que no empiece mi jornada con mis afirmaciones positivas, el sistema de navegación que no solo me ha ayudado a llegar a más de ochenta y ocho años, sino a vivir más de ochenta y ocho años. Rezo para que tú también lo hagas.

ESTATE

SIEMPRE

PREPARADO

PARA UNA

GRAN

OPORTUNIDAD

DO#

Ya lo dice el refrán: «La única vez que verás el éxito antes que el trabajo es en el diccionario». Y puedes estar seguro. El principio subyacente de esta afirmación me recuerda la cita de Thomas Edison: «El éxito es un diez por ciento inspiración y un noventa por ciento transpiración». Y dio en el clavo, porque conseguir el éxito en cualquier campo, tanto profesional como personalmente, conlleva mucho trabajo. No te puedes sentar a esperar que las oportunidades te vengan a buscar; y cuando por fin lleguen, has de estar preparado para cumplir. De hecho, la definición de oportunidad que da el diccionario es: «Momento o circunstancia oportunos o convenientes para algo». En ningún sitio habla de garantía de éxito. Solo afirma que las oportunidades implican momentos o circunstancias beneficiosos para la acción. Así pues, ¿qué hay que hacer después? Trabajar duro.

Hasta donde me alcanza la memoria, mi padre me decía cada día: «Cuando empieces una tarea, no la dejes hasta haberla acabado. Tanto si es grande como pequeña, hazla bien o no la hagas». No importaba de qué tarea se tratara; sabía que tenía que llevarla a cabo tan bien como pudiera. Aquello arraigó en mi ética de trabajo y me ha hecho un buen servicio a lo largo de los años. Con el tiempo me he convertido en el hombre clave para producir, componer, hacer arreglos y casi cualquier cosa en la que me haya aplicado gracias a mi diligencia. Una buena ética de trabajo es una ventaja que sin duda te ayudará a superar cualquier faceta de la vida, porque en última instancia es lo que te diferencia del resto de tus iguales que se contentan con hacer el trabajo, aunque no lo hagan muy bien.

De hecho, mi mayor miedo siempre ha sido no estar preparado si llega una oportunidad. En mi libro, «miedo» es una palabra negativa porque es inútil. Cuando te permites instalarte en el miedo, por defecto asumes que no eres capaz de manejar una situación o que no eres lo bastante bueno para hacerlo. Estar ahí es peligroso, ya que en lugar de permitirte demostrar que eres capaz te convences de que no lo eres, incluso antes de empezar. Pero si estás preparado para cualquier cosa que pueda cruzarse en tu camino, nada puede asustarte.

Pero que no haya confusiones. Intrepidez no significa perfección. Soy el primero en admitir que me he equivocado más veces de las que puedo contar. Me he equivocado mucho, pero encontré valor en mis errores porque me enseñaron con qué tener cuidado la siguiente vez. No cometas dos veces el mismo error porque eso podría determinar que te volvieran a llamar o no una segunda vez, o que te pasara delante otra persona.

Como me enseñó mi padre en repetidas ocasiones, si te comprometes a algo, has de hacerlo hasta el final. Si echas un vistazo a tu alrededor, verás que mucha gente tiene ideas, pero no muchos las ejecutan. De la idea a la ejecución hay un largo camino. Has de estar emocionalmente dispuesto a poner la energía necesaria en aquello por lo que luchas, porque si no saltarás a un coche sin gasolina. Y es que muchos no podemos permitirnos perder esa primera oportunidad. Estate siempre preparado para una gran oportunidad.

Siempre que reflexiono sobre cómo aprendí esta lección, me remonto a 1958, cuando recibí la llamada de mi vida para trabajar con el gran Frank Sinatra. Pero antes hemos de hacer una parada técnica en el instituto para que tengas la imagen completa.

En 1948, cuando mi profesor de la banda, Parker Cook, me dio manga ancha en la sala de la banda del instituto Garfield, en Seattle, conocí a un chaval llamado Charlie Taylor con el que enseguida entablé amistad. Ensayábamos juntos cada día y poco después decidimos crear una banda. Aspirábamos a ser como las big bands que escuchábamos en la radio y reclutamos a una buena mezcla de músicos. Llevábamos la banda como si fuera nuestro T-R-A-B-A-J-O y al poco tiempo conseguimos nuestro primer bolo tocando en la Asociación Cristiana de Jóvenes, en la 23 con Madison. Para nosotros, cobrar 7 dólares cada uno era tocar el cielo, pero no pensábamos que tocar música pudiera ser un trabajo de verdad: hasta que se nos acercó un director musical llamado Bumps Blackwell y nos preguntó si podía liderar la banda. Bumps no era mucho mayor que nosotros, pero tenía muy buen oído para el talento y era un maestro promocionando cualquier cosa en la que se fijara su oído.

Aunque Bumps lideraba varios grupos diferentes y nosotros no éramos más que su banda juvenil, consiguió que hiciéramos actuaciones excelentes, como las que habíamos oído en la radio de nuestros ídolos de jazz. Desde Charlie Parker hasta Dizzy Gillespie, nos sabíamos todos los nombres importantes del bebop, motivo por el que perdimos por completo la calma el día que Bumps nos dio la noticia: «¡Billie Holiday (Lady Day) va a venir a la ciudad y vamos a ser su banda de acompañamiento!». Era 1948 y no podíamos creer que fuéramos a tocar para Lady Day, sobre todo porque Bumps tenía una banda con experiencia. Como muchos cantantes de la época, Billie viajaba con un pianista que también hacía de director musical y contrataba a músicos locales de la ciudad en la que fuera a actuar. Era muy normal que necesitara una banda que la acompañara, pero muy inusual que la elegida fuera una banda juvenil. Cuando le preguntamos por qué nos había elegido a nosotros, Bumps se limitó a responder: «Porque todos sabéis improvisar mejor que nadie de por aquí».

Solo unos minutos antes de que empezara el espectáculo, mi yo de quince años esperaba nervioso en los bastidores del Auditorio Eagles, observando al público, novecientas personas que llenaban el recinto, asustado hasta la médula. Después de que el director musical de Billie, el famoso arreglista y pianista Bobby Tucker, nos informara de la calidad que esperaba de nosotros sobre el escenario, llegó la hora. Billie cantó como la auténtica estrella que todos esperábamos oír, pero la banda estaba tan impactada por su presencia que tocamos renqueando como un viejo camión que necesitara un cambio de aceite desde hacía mucho tiempo. Bobby se inclinó hacia nosotros desde el piano y, con profesionalidad, dijo por debajo de la música: «A ver, mamonazos, si os vais a quedar ahí plantados mirando a Billie con la boca abierta en vez de leer la partitura, ya podéis bajar del escenario y comprar una entrada». Puede que empezáramos encogidos, pero las palabras de Bobby nos devolvieron a la realidad en un momento y reconduimos en cuestión de segundos. El concierto resultó ser un gran éxito y me dispuse a guardar aquella experiencia como nada más que un recuerdo especial.

Poco imaginaba que Bobby Tucker regresaría aquel mismo año, en esta ocasión con el legendario Billy Eckstine, y pediría que le volviésemos a acompañar algunos miembros de la Bumps Blackwell Junior Band elegidos a dedo, entre los que me incluyo. Yo estaba decidido a volver a demostrar mi talento, salvo por aquel error que habíamos cometido acompañando a Lady Day. Tras la actuación, le pedí a Bobby su opinión y le dije que me tomaba mi música muy en serio. De nuevo estaba preparado para almacenar aquella experiencia única en la vida como nada más que un mero recuerdo.

Saltamos a agosto de 1957, cuando las actuaciones que había hecho en el 48 con Bobby Tucker, Billie Holiday y Billy Eckstine pasaron de ser un recuerdo a convertirse en el catalizador del siguiente gran avance en mi carrera. Billy Eckstine había firmado con la famosa Barclay Records de París, propiedad de la excelente mujer de negocios Nicole Barclay y su marido Eddie Barclay. Cuando Billy Eckstine se enteró de que Nicole estaba buscando un director musical estadounidense, le dijo: «Conozco a alguien. Llama a Quincy Jones. Es uno de los mejores arreglistas de Nueva York». Desde aquella actuación a mis quince años, Bobby siempre había mantenido el contacto conmigo, pero cuando me llamó nueve años después me cogió del todo por sorpresa.

Yo quería organizarlo todo antes de regresar a Nueva York a buscar a mi hija Jolie y a mi esposa Jeri, así que, oferta en mano, oficialmente di el paso de ir a París para convertirme en el director musical, arreglista y director de orquesta de Barclay Records. Gracias a aquel puesto pude trabajar con músicos con los que nunca habría tenido oportunidad de colaborar en Estados Unidos, gente como Charles Aznavour, Stéphane Grappelli, Henri Salvador, Michel Legrand, Double Six, Andy Williams y Sarah Vaughan. También acabé escribiendo arreglos para al menos varios cientos de actuaciones de la orquesta titular de Eddie Barclay, de cincuenta y cinco músicos. Fue una experiencia única en la vida que por último me llevó a la llamada.

Una tarde de 1958, mientras estaba trabajando con Eddie, recibimos una llamada de la oficina de la princesa Grace de Mónaco. Le dijeron a Eddie: «Va a venir a cantar Frank Sinatra para el estreno de su película *Cenizas bajo el sol* y quiere que tú y Quincy traigáis una orquesta al Sporting Club de Mónaco». No podía creer lo que estaba oyendo. Es decir, ¡aquel tipo era prácticamente el artista más famoso del mundo! Contestamos que sí en éxtasis, cogimos el tren con la orquesta de Eddie y nos dirigimos al sur para tocar detrás de Sinatra.

Para entonces ya había aprendido la importancia de abordar a cada cantante de un modo diferente para atender su registro vocal concreto, en lugar de plantear los arreglos como algo

71

igual para todos. Tenía veinticinco años y estaba decidido a demostrar mi valor y aprender exactamente lo que quería Frank, desde el punto de vista de los arreglos y la emoción. Frank llamó la atención al entrar paseando al ensayo en el Sporting Club con su sombrero de «Swinging Lovers» inclinado hacia un lado. «Habéis escuchado los discos —dijo—, así que ya sabéis lo que hay que hacer. Sabéis de dónde vengo». Ensayamos la actuación con toda la orquesta durante cuatro horas y al acabar Frank dijo: «Cu-cu», y se fue.

Cuando se acabó el concierto, me estrechó la mano y se limitó a decir: «Sí, buen trabajo, Q» (era la primera vez que alguien me llamaba «Q»), y se fue. Aquel hombre era muy reservado en los negocios. Creo que solo intercambié unas cuantas frases con Frank en toda la noche. Ni siquiera tuve la oportunidad de darle las gracias. Regresé a París en trance y de nuevo preparado para guardar aquella actuación para siempre en mi memoria.

Salto adelante a 1964.

No había hablado en absoluto con Frank desde la noche de nuestra actuación en Mónaco. Tras casi seis años sin contacto alguno, pensé que se me había olvidado por completo. Pero una tarde, mientras trabajaba como vicepresidente de A&R en Mercury Records en Nueva York (el trabajo que había aceptado para devolver mi deuda por *Free and Easy*), recibí una llamada de Hollywood. «Eh, Q, soy Francis. Estoy en Hawai dirigiendo una película titulada *Todos eran valientes*. He escuchado el disco que hiciste el año pasado con Basie —dijo, en referencia a "In Other Words (Fly Me to the Moon)", de Bart Howard, que yo había arreglado en compás de 4/4 (en lugar de 3/4) para que tuviera más swing—. Me gustaría hacerlo también así. ¿Qué te parecería hacer un disco con Basie y conmigo?»

Con el corazón a punto de salírseme del pecho, contesté: «Tío, ¿es el papa católico? ¡Ya lo creo que sí!».

«Cu-cu. Mi oficina se ocupará de los detalles. Te veo en Kauia la semana que viene.» Clic.

Tras recibir más instrucciones de su equipo, entendí que Frank quería que hiciera los arreglos y dirigiera la banda de Count Basie, además de añadir una sección de cuerda para su siguiente disco, *It Might as Well Be Swing*, que incluía «In Other Words (Fly Me to the Moon)».

Trabajé día y noche para demostrar mi valía en aquella actuación y le entregué justo lo que quería Frank. Quedó tan entusiasmado con el resultado del disco que montó una gira y me llevó como director y arreglista oficial. La raza no era un problema para él: Frank trataba a nuestra banda con profundo respeto y se aseguraba de que el foco nos iluminara a mí y al resto de los músicos tanto como a él. Nos hicimos amigos íntimos y el mejor dúo colaborador. Él sabía que si tenía que hacer un arreglo yo se lo haría justo como se lo había imaginado. Siempre que tenía un problema con la orquestación, lo solucionaba inmediatamente. Me aseguraba de entender bien cada idiosincrasia para conseguir el ritmo que merecían sus canciones. Si Frank seguía el ritmo levantando el pie solo unos quince centímetros, yo sabía que no le estábamos dando suficiente caña. Cuando pasaba eso, le pedía al batería que marcara el *back beat* algo más fuerte, hasta que Frank levantara el pie del suelo casi medio metro al seguir el ritmo.

73

De verdad, el hecho de trabajar con Frank Sinatra no fue por casualidad. Sucedió porque yo había afilado mis herramientas y dominado el oficio al que pretendía dedicarme. Recuerdo la vez que me dijo: «La primera octava es un poco densa, Q». En diez minutos estuvo solucionado. Llevaba muchos años observando a los profesionales antes de empezar a trabajar con él, asegurándome de prepararme para ser tan buen director y arreglista como pudiera.

En 1966 volví a formar equipo con Frank para su primer disco en directo, *Sinatra and the Sands*, que grabó en Las Vegas. Después, en 1969, Buzz Aldrin y Neil Armstrong pusieron nuestra versión de «Fly Me to the Moon» en el espacio, convirtiéndola en la primera canción que sonó en la Luna, ¡algo que en la vida habría soñado! Acabé trabajando con Frank durante casi veinte años, hasta su muerte en 1998. Frank era más que un compañero de la música y un amigo. Para mí era como un hermano, y después se convirtió en el padrino de mis hijos. Siempre será un honor para mí haber compartido algunas de las colaboraciones que más me cambiaron la vida y nunca olvidaré la música que conseguimos hacer juntos.

Puedo decir de todo corazón que ser un trabajador diligente es en buena parte el motivo por el que he podido hacer todo lo que afortunadamente he podido hacer. Quizá no pueda controlar las oportunidades concretas que se me presenten, pero la parte de la ecuación sobre la que sí tengo control es la de prepararme lo bastante como para aprovechar esas oportunidades. Si no hubiera pulido mis habilidades como arreglista, nunca habría estado preparado para aceptar la oportunidad única cuando Frank me llamó. Cuando recibas la llamada, no tendrás tiempo de sentarte de brazos cruzados a ver si sabes hacerlo o no. Si te preparas con tiempo, podrás aceptar lo que te venga sin tener que pensarlo ni un segundo.

Por ejemplo, si vas por ahí diciendo que quieres ser músico (o la profesión a la que quieras dedicarte) pero no ensayas, puede que se te presente una oportunidad que no puedas aceptar porque simplemente no estás preparado. He oído a mucha gente decir que quieren ser cantantes, pero cuando les piden que canten algo se asustan o son incapaces de recordar la letra de una sola canción. ¿Lo entiendes? No es difícil que aparezcan oportunidades, pero aquellas para las que estás bien preparado son pocas y poco frecuentes.

Además, cuando haces bien un trabajo, es casi seguro que te volverán a llamar o te recomendarán a alguien. En tu vida, todo es una reacción en cadena, y por lo general tu capacidad para cumplir se juzgará teniendo en cuenta tu último trabajo. ¿Te imaginas lo que habría pasado si hubiera fastidiado mi primera oportunidad de trabajar con Lady Day? ¿O si hubiera repetido los mismos errores en mi segundo bolo con Bobby Tucker y Billy Eckstine? ¿O si no hubiera estado preparado para aquella primera llamada de Frank en 1958? No habría durado ni veinte minutos con él, ¡y mucho menos me habría vuelto a llamar para trabajar de nuevo seis años después!

La buena suerte suele darse tras el choque de la oportunidad con la preparación, así que tienes que estar preparado. No dejes de desarrollar tus habilidades y deja que pase lo que tenga que pasar. No importa el cargo que tengas, o que sientas que el trabajo que haces es insignificante; hazlo lo mejor que puedas. Tanto limpiando zapatos como recogiendo fresas, colocando bolos o haciendo arreglos para Frank, seguía la ética de trabajo que me enseñó mi padre, y continúo haciéndolo. Habrá muchos momentos en los que el trabajo que hagas pase inadvertido, pero hazme caso cuando te digo que siempre hay alguien mirando. El hecho de que Bobby Tucker se fijara en cómo tocaba en la Bumps Blackwell Junior Band, y de que Billy Eckstine me recordara lo bastante como para sugerir mi nombre a Nicole Barclay son perfectos ejemplos de ello. Hagas lo que hagas, hazlo bien o no lo hagas.

Y lo más importante: si no has aprendido a hacer bien lo que haces ahora, ¿cómo vas a esperar que te confíen más encargos? La pereza no es excusa, pero si es la tuya, sencillamente te pediría que te replantearas tus prioridades. Si esperas ser el mejor en lo que haces, no basta con hacer lo mínimo. Lo más probable es que, si estás leyendo esto, estés interesado en saber cómo dar el siguiente paso, tanto personal como profesionalmente. Mi consejo es: estate siempre preparado para sumergirte en los detalles, porque es la única manera de ascender hasta lo más alto de tu campo. Y si no sabes por dónde empezar, espera a la siguiente Nota, porque tengo unas cuantas ideas para ti.

MEJORA EL HEMISFERIO IZQUIERDO DE TU CEREBRO

Cuando empezaba a escribir algunas de mis primeras composiciones y arreglos musicales, escribí una notita con un asterisco al comienzo que decía: «¡Atención! Tocar todos los *si* un semitono por debajo porque si los tocas al natural suenan raro». Entonces solo tenía trece años y, puesto que no había oído hablar de una armadura, no tenía ni idea de que había un símbolo que podía escribir al comienzo de la partitura y que servía para eso mismo. Solo cuando empecé a frecuentar a profesionales expertos como Count Basie y los chicos de la Lionel Hampton Band aprendí a poner un bemol al comienzo de la tercera línea para no tener que escribir la nota cada vez. Descubrir que había un método me enseñó lo mucho que tenía que aprender y me confirmó que para convertirme en el mejor no bastaba con estar comprometido emocionalmente con mi música. Tenía que entender la ciencia que había tras mi oficio, o, como me gusta decir, «Mejorar el hemisferio izquierdo de mi cerebro».

Existe una teoría científica según la cual el hemisferio derecho del cerebro es el responsable de las emociones y la creatividad, mientras que el izquierdo se encarga del intelecto y el análisis. Pero, en beneficio de la sencillez, me referiré a ellos como los hemisferios derecho e izquierdo. Se dice que el lado emocional (hemisferio derecho) se conforma y guía a partir de nuestras experiencias e instintos, que emanan de forma natural, mientras que el lado intelectual (hemisferio izquierdo) se conforma y guía a partir de la ciencia, así como las habilidades analíticas y técnicas, que se han de entrenar y perfeccionar. De un modo parecido, estoy convencido de que la música consta de dos partes, el alma y la ciencia, que son producto de los hemisferios derecho e izquierdo respectivamente. Por un lado, la música es una expresión de nuestras emociones, pero, por el otro, es una ciencia que se estructura en torno a la relación matemática entre el tono y el tiempo (el estudio de la teoría musical).

En mi caso, supe que tenía que mejorar mi hemisferio izquierdo a través de la música, pero tras mucha prueba y error he descubierto que es necesario hacerlo en cualquier ámbito de la vida. Tanto si eres médico como carpintero o chef, si no entiendes los pormenores de tu disciplina, tu pasión solo te llevará hasta cierto punto. Y es que, si no te tomas el tiempo de afinar tus habilidades, tus esfuerzos se alzarán sobre unos cimientos destinados a desmoronarse apenas se les ponga a prueba.

Este descubrimiento me puso en el camino de tratar de adquirir incansablemente el conocimiento que respaldara mi creciente deseo de expresar mi creatividad, sea a través de la música como de películas, de la producción, de lo que sea. Cuando hube aprendido a escribir música correctamente, o a sincronizar la música con las imágenes cuando empecé a hacer música para el cine, o a producir espectáculos en vivo cautivadores utilizando métodos científicos, fui capaz de llevar mi talento artístico al siguiente nivel. Aprender a mejorar mi hemisferio izquierdo ha influido mucho en cómo he abordado cada esfuerzo creativo, así que permíteme explicar cómo he sido capaz de hacerlo y cómo me ha ayudado a ganar credibilidad en los diferentes campos en los que me muevo.

Como he dicho en la Nota la sostenido, mi hambre de conocimiento se despertó con la lectura de los libros del señor Powe, desde los de Glenn Miller sobre arreglos hasta los de Frank Skinner sobre música para películas, cuando iba a su casa a cuidar a sus hijos. Después, tras graduarme en el instituto Garfield, obtuve una beca para estudiar música en la Universidad de Seattle. Los cursos resultaron ser demasiado aburridos, pero en lugar de acomodarme me busqué algo más parecido a un desafío y solicité el acceso a la Schillinger House (en la actualidad conocida como Berklee College of Music). Un semestre después conseguí una beca y me trasladé allí. Fue en aquella escuela donde oí hablar de la obra determinante de Nicolas Slonimsky, un compositor ruso que estudió y documentó los componentes matemáticos de la música. Su obra *Thesaurus of Scales and Melodic Patterns* cambió por completo las reglas del juego para mí. Lo estudié del derecho y del revés e interioricé la perspectiva de que existen absolutos tanto en la música como en las matemáticas, absolutos que requieren un conocimiento y una práctica minuciosos. Aquel libro era como la Biblia para las mentes musicales: incluso el legendario John Coltrane y el célebre Charlie Parker, auténticos pioneros del bebop, no salían de casa sin él. El texto de Slonimsky me desveló multitud de patrones melódicamente plausibles, y me hizo adentrarme más en la ciencia que hay tras la teoría musical. Nunca tenía bastante e incluso después de la escuela tradicional buscaba todas las oportunidades que podía para mejorar el hemisferio izquierdo.

79

En 1955, a los veintidós años, el líder del bebop Dizzy Gillespie me llamó y me dijo: «Chaval, quiero que toques la trompeta, hagas los arreglos y seas el director musical de mi banda. Ponla a punto para mí». La banda en cuestión estaba patrocinada por el Departamento de Estado estadounidense para contribuir a exportar la diplomacia cultural a través de la música jazz, como había dicho el famoso congresista de Harlem Adam Clayton Powell hijo. Sin embargo, un mes antes, George Avakian, de Columbia Records, me había llamado para trabajar y hacer los arreglos para un talentoso y desconocido cantante de jazz y estrella de la pista de San Francisco, y había aceptado. Así que se me planteaba un dilema, aunque solo tardé un minuto en decidir. Fui al despacho de George y le dije: «George, me encanta tu nuevo cantante, pero he de servir a mi país», y me fui. El bebop lo era todo para mí, e idolatraba a Dizzy. Curiosamente, el cantante de diecisiete años era Johnny Mathis, ¡y más adelante grabó «Chances Are» y «The Twelfth of Never» con Mitch Miller!

Bueno, durante la gira del Departamento de Estado, Dizzy y yo estábamos en un club de Buenos Aires después de una actuación y él oyó a un tipo tocar jazz al piano con un conjunto pequeño. Se presentó como Lalo Schifrin, y descubrimos que era un pianista argentino famoso. Tras conversar más sobre nuestro interés mutuo por la orquestación, me habló de Nadia Boulanger, una de las mejores profesoras de composición del siglo xx, y me dijo que podría enseñarme todo lo que quería saber sobre composición, contrapunto y orquestación. También era la primera mujer en dirigir la Filarmónica de Nueva York y daba clases a figuras de renombre como Leonard Bernstein, Michel Legrand, Aaron Copland e Igor Stravinsky. Me dediqué a buscar la manera de estudiar con ella. El único obstáculo para entrar era que tenía que ofrecerle una audición, y su escuela estaba en Francia.

Bueno, saltamos adelante hacia 1957, cuando vivía en Nueva York y recibí la llamada para trabajar con Barclay Records en París. La sicronización no podría haber sido más perfecta. Una de las primeras cosas que hice después de llegar fue ir a la audición con Nadia. Para mi sorpresa, conseguí una codiciada plaza en su clase y me embarqué en el aprendizaje de la orquestación. En los Estados Unidos, en tanto que hombre negro, no me estaba permitido escribir para cuerdas, ya que las cuerdas se consideraban «demasiado sofisticadas» para gente como yo; así pues, aprender a escribir para cuerdas con Nadia y poder aplicar mi recién adquirida habilidad en Barclay fue una combinación sensacional que necesitaba.

Como parte de sus clases, ella y sus alumnos lo aprendíamos todo sobre retrógrado, inversión, contrapunto y armonía diseccionando *Historia de un soldado*, *El ritual de la primavera* y otras composiciones de Stravinsky. Nos dijo: «Hasta que encontréis otra nota, aprended lo que todo el mundo haya hecho con las doce que tenemos». Eso se convirtió en un punto de desarrollo importante en mi carrera, porque indagar en lo que los expertos habían hecho me permitía tomar más decisiones creativas avanzadas, en lugar de tener que empezar desde cero. Nadia afirmaba que crear música requiere estructura, y que «cuantas más restricciones te pongas, más libertad tendrás». Por contradictorio que esto pueda parecer, la creatividad sin restricciones suele llevar al caos porque no implica ninguna estrategia. La libertad solo se consigue dentro de una estructura bien definida; por ejemplo, *fortissimo* no significa nada si no hay *pianissimo*: tu música no puede subir si no empiezas tocando suave, y viceversa. Mediante la interconexión de las dinámicas, el tempo y la estructura de los acordes se crea una obra maestra en lugar de un caos. Ese marco también es aplicable a la improvisación. Si bien esta es espontánea, los artistas siguen necesitando confiar en un conocimiento básico a la hora de contrastar tempos para tocar determinada progresión, mientras equilibran delicadamente el volumen y todas las demás dinámicas. Como dijo el gran Pablo Picasso (que resultó ser mi vecino de al lado durante tres años cuando viví en el sur de Francia con los Barclays; vivía en la villa La Californie con su esposa Jacqueline, ¡dos cabras y tres patos!): «Has de aprender las reglas para poder romperlas». La música es una ciencia que se ha de estudiar detenidamente.

Devoraba las lecciones que Nadia nos enseñaba en clase y aún pasaba más tiempo aprendiendo con ella en sesiones privadas, durante las cuales me limitaba a escucharla hablar sobre música durante horas. Al final le dije que quería aprender orquestación y estuvo de acuerdo, pero solo con la condición de que cogiera los primeros veinticinco compases de *Dafnis y Cloe*, de Ravel, y redujera la partitura transportada a un esquema de seis líneas en tono de concierto. Fue un ejercicio que me enseñó a ponerlo todo en una sinfonía, además de la percusión, en solo seis líneas, una habilidad que necesité más adelante cuando me metí en el mundo de la música para películas. Tras entregarle mi pieza acabada, me dijo: «Ahora transpórtala hacia arriba por los doce tonos». Ni siquiera sabía por dónde empezar, pero mientras seguía con torpeza sus indicaciones, fue como si la prueba de fuego empezara a responder mis propias preguntas. Estudiar y practicar repetidamente ese ejercicio (mejorar mi hemisferio izquierdo) me proporcionó los cimientos que necesitaba para convertirme en un buen orquestador, compositor cinematográfico y músico en general. Aquella infraestructura fue lo que me ayudó a sentar las bases de cada fase posterior de mi carrera.

82

Años después, en 1964, cuando estaba trabajando como vicepresidente de A&R en Mercury Records, de nuevo en Nueva York, su fundador, Irving Green, llevó a cabo una fusión de acciones de Mercury Records y Philips, la corporación multinacional. Durante la fusión, Philips me ofreció un millón de dólares —más ceros de los que había visto en mi vida— por un contrato de veinte años. Por más que ansiara una seguridad económica, lo pensé, y se desglosaba en una paga de 50.000 dólares al año durante los siguientes veinte años. En aquella época, 50.000 dólares era un sueldo considerable, pero me pregunté: «¿Vale mi vida cincuenta de los grandes al año?». No lo veía claro. Sabía que todavía tenía mucho por aprender sobre la industria del espectáculo. Y lo más importante: quería seguir mi sueño de ir a California y meterme en la composición de música para películas, que ya había probado en una pequeña película sueca llamada *Pojken i trädet* en 1961. La película fue escrita y dirigida por el ganador de un Oscar Arne Sucksdorff, recibí el encargo después de que su hija viera mi big band en giras anteriores, me localizara en un restaurante y me preguntara si quería componer la música de la película.

Entonces, en 1964, el famoso director Sidney Lumet me pidió que hiciera la música de un drama llamado *El prestamista*, que resultó ser mi primera música para una película estadounidense. Por muy agradecido que estuviera por mi función en Mercury Records, no me veía allí el resto de mi carrera, sobre todo después de descubrir mi pasión por la composición de música cinematográfica. Así pues, programé una actuación para grabar mi primer tema principal, para un programa de la NBC llamado *Hey Landlord*, y oficialmente di el salto a California en 1965. Dejar Mercury resultó ser la mejor decisión que he tomado nunca, ya que acabé componiendo más de cincuenta y una partituras para cine y televisión.

Los años siguientes me aseguré de continuar basándome en los conocimientos que había conseguido y de adquirir nuevas habilidades para mantenerme a la vanguardia. Así, en un intento de seguir aprendiendo de los profesionales, asistí al aclamado seminario de guion de Robert McKee en Los Ángeles, y resultaron ser unas de las mejores treinta horas que he pasado en mi vida. En el transcurso de aquel acto de tres días, McKee revisó con los asistentes la sustancia, la estructura, el estilo y los principios de la narración, y cómo se pone en práctica en el marketing, en el cine y en otras formas de comunicación. Esbozó una estrategia denominada «sistemas de imágenes», que se suele utilizar en el cine. Y, como aclara en su libro *El guion. Sustancia, estructura, estilo y principios de la escritura de guiones*:

> Un sistema de imágenes es una estrategia de motivos, una categoría de imaginería insertada en la película que se repite en la imagen y el sonido de principio a fin de forma persistente y con gran variación, pero con una sutileza igualmente grande, como una comunicación subliminal, para aumentar la profundidad y complejidad de la emoción estética.

Para demostrarlo, utilizó las últimas diez horas de clase para explicar cómo películas como *Casablanca* y *Diabólicas* utilizan sistemas de imágenes. Mientras las veíamos, nos guio por cada escena descomponiendo repeticiones de determinadas imágenes o formas que subliminalmente contribuyen a establecer el tono para el espectador. Más concretamente, *Casablanca* utiliza un sistema de imágenes de «prisiones». Si la miras con atención, verás proyecciones frecuentes de barrotes de cárcel, focos, ropa de rayas y sombras de alambre de espino presentes a lo largo de la película en un esfuerzo por reflejar conscientemente el tema de la reclusión del personaje en medio de una guerra.

Robert también nos presentó la disección de un guion en el que descubrimos que casi cada tres páginas había algún tipo de broma, canción, momento romántico o conflicto. Cada componente estaba colocado intencionadamente para que la película estuviera compuesta de un 25 por ciento de romance, un 25 por ciento de comedia, un 25 por ciento de música y un 25 por ciento de conflicto. Aquel seminario fue tan crucial para mí a la hora de entender las películas que decidí asistir a él de nuevo, otras treinta horas. Años después regresé para una tercera ronda, y cuanto más aprendía sobre los pormenores de cada campo de la industria del espectáculo, más empezaba a entender que toda profesión tiene componentes científicos.

Eso me hizo pensar en cuando trabajaba en una agencia de publicidad en la avenida Madison de Nueva York, donde aprendí que cualquier método de comunicación eficaz utiliza la psicología. Por ejemplo, el tipo de anuncio que tiene más influencia es uno con una voz en off de bajo o barítono, aunada con palabras en negrita y mayúscula sobreimpresionadas en pantalla, de modo que se oye lo que se lee. Todo eso se hizo siguiendo el razonamiento científico de que el subconsciente suele retener el 10 por ciento de lo que se oye y el 30 por ciento de lo que se ve. Así, al aunar componentes auditivos y visuales, automáticamente te aseguras el 40 por ciento de la atención del espectador.

Apela al subconsciente: sin darse cuenta siquiera, el espectador ha recibido el mensaje subliminal que el anunciante pretendía transmitir. Si bien no es ningún secreto que los anunciantes toman decisiones estratégicas, fue sencillamente alucinante descubrir que había un componente psicológico detrás de ellas. El hecho de que se tomaran decisiones creativas en un intento deliberado de causar un impacto psicológico sobre el espectador también me hizo ver que para ser un creador eficaz tenía que entender toda mi disciplina en su conjunto.

Para mí, lo más emocionante era cuando me ponía a aplicar a mis creaciones los conocimientos que había adquirido, ya que una vez entendía la ciencia que había detrás de mi oficio era capaz de mejorar mi arte. Como he dicho anteriormente, has de aprender las reglas para poder romperlas.

Uno de mis ejemplos preferidos de esto se dio en 1996, cuando produje la retransmisión de los Oscar desde el Dorothy Chandler Pavilion de Los Ángeles. Justo antes de que la presentadora, Whoopi Goldberg, anunciara la categoría de Edición de sonido, dediqué toda una parte a la importancia de los efectos sonoros y de cómo pueden hacer que una película cobre vida. Para mostrar cómo se hacía, les pedí al percusionista Luke Cresswell y a Steve McNicholas, cofundador del espectáculo de danza y percusión Stomp, que coreografiaran a los bailarines para crear sobre el escenario sonidos en vivo que fueran bien con una película muda que se estaba emitiendo de fondo. Por ejemplo, cada vez que se cerraba una puerta, sonaba un claxon o debía suceder sobre la pantalla algún tipo de acción audible, los zapatos de los bailarines, que estaban microfonados, creaban los efectos de sonido. Fue una obra bellamente coreografiada que demostró al público visual y audiblemente el valor de los efectos de sonido en el cine. Además, para el anuncio de la Mejor Canción original, en lugar de dejar que los presentadores, Angela Basset y Laurence Fishburn, leyeran la lista de nominados, les hice presentar al grupo a capela Take 6 para que cantara la lista de nominados en forma de canción original y no listándolas una a una.

Y la cosa no acabó ahí. Saqué a Kareem Abdul-Jabbar, de dos metros dieciocho, y a Jackie Chan, de metro setenta y cuatro, a presentar los premios al Mejor Corto: la diferencia de altura entre ambos presentadores era un refuerzo visual de la categoría. También propició algo de alivio cómico, ya que Kareem y Jackie pusieron énfasis en su diferencia de altura en toda su parte. Kareem tenía que inclinarse para llegar al micrófono, que estaba ajustado a la altura de Jackie y, hombre, era muy gracioso. Todo, desde Stomp hasta Kareem y Jackie, pasando por Take 6, fue una mezcla deliberada de alma y ciencia.

Más recientemente, como se muestra en mi documental de Netflix, *Quincy*, me pidieron que produjera la ceremonia de inauguración del Museo Nacional Smithsonian de Historia y Cultura Afroamericana de Washington, D.C. Uno de mis momentos favoritos del espectáculo fue en el minuto 37.15, cuando Tom Hanks presentó la exposición sobre los aviadores de Tuskegee. En lugar de limitarnos a poner la presentación de diapositivas de los objetos de recuerdo que exhibía el museo, hicimos que Tom recitara un hermoso texto de homenaje sobre la historia de los aviadores y después sorprendimos al público con la aparición sobre el escenario de siete supervivientes de la unidad. Cuando salieron al son de «America the Beautiful» interpretada por el Coro de West Point, también hicimos que el hoy difunto general Colin Powell saliera a estrechar la mano a cada uno de ellos. Fue un momento absolutamente conmovedor y nadie pudo contener las lágrimas. Incluso después de reemitirlo en 2020 en la ABC como respuesta esperanzada a los disturbios civiles que se produjeron aquel verano, buena parte de los elogios del público se centraron en la parte de los aviadores de Tuskegee, de gran carga emocional.

Cada pequeño detalle de aquella gala se planeó minuciosamente para que el impacto general tuviera su origen en la auténtica emoción. Aunque el punto focal fuera la historia del museo, el objetivo era inspirar a los asistentes construyendo metódicamente una narración cuyo objetivo era enaltecer. Trabajé más de un año en aquella producción con mi coproductor Don Mischer y nuestros equipos internos. Todos nosotros podemos dar fe de que cada transición, clímax y escenografía fue creado y colocado deliberadamente.

Teniendo en cuenta que lo he hecho en numerosas ocasiones, mi consejo es: si quieres crear un arte que invada el subconsciente y provoque un impacto duradero, has de tener la mezcla adecuada de alma y ciencia. ¡Tienes que hacerlo bien!

Como compositor de música cinematográfica, me he propuesto estudiar casi todos los elementos del rodaje y de la creación de música para películas para que mi hemisferio izquierdo esté bien preparado para cualquier tarea. Componer música para películas es un proceso polifacético que consiste en una combinación abstracta de alma y ciencia. La psicología que hay tras esa música es del todo subjetiva y extremadamente personal, pero el proceso de sincronizarla con la película es pura ciencia. Esa es la parte que tuve, y todavía tengo, que estudiar.

En tanto que productor, he de poder encargarme de prácticamente todas las fases del proceso creativo. De principio a fin, pasando por la ejecución. Además, si quieres contar con el tipo de confianza que necesitarás como productor en el estudio, has de ser competente en tus habilidades musicales básicas, además de poder llevar todos los requerimientos organizativos y relacionales.

Esta lección es aplicable a cualquier posición que asumas, y te aseguro que lo que aprendes en un campo a menudo pasa a otro. Es parecido a lo que ocurre con el ejercicio físico: a veces el proceso de mejorar el hemisferio izquierdo puede ser frustrante, pero funciona como un músculo que con el tiempo va ganando fuerza. Como con cualquier cosa, cuanto más mejores el hemisferio izquierdo, más fáciles se volverán las tareas. Te aseguro que es el modo más eficaz de brillar en cualquier cosa que intentes. El entrenamiento deliberado solo lleva a la mejora, y sencillamente no se puede tener la una sin el otro.

Eso siempre me hace pensar en cuando Alicia Keys era jovencita y su madre me pidió que le diera algún consejo sobre cómo llegar a ser cantante. Le dije que grabara un CD con sus quince artistas favoritos y lo cantara una y otra vez hasta que tuviera la sensación de que había captado todas las notas y matices. Le dije que lo hiciera porque estudiar y ensayar con los profesionales te da una idea de cómo es ser un gran cantante antes de pisar el escenario. Si puedes seguirle el ritmo a gente como Aretha Franklin y Whitney Houston, puedes seguirle el ritmo a cualquiera. Y, a juzgar por el nivel de éxito que ha conseguido Alicia, ¡vaya si mejoró su hemisferio izquierdo!

Cuando pienso en el papel del cerebro humano, es como si nos hubieran dado un ordenador en el que podemos optar por cargar programas que mejoren su operatividad o dejarlo vacío. Solo de ti depende cómo utilizarlo, pero cuanto antes reconozcas que la calidad de tus resultados es directamente proporcional al esfuerzo que les dedicas, más cerca estarás de liberar todo tu potencial creativo.

Hoy en día nunca me verás salir de casa sin un libro de sudokus y crucigramas, porque resolverlos activamente cada día me ayuda a mantener la mente en forma. Bueno, ¡todo el que me conoce sabe que soy un fanático de algunos crucigramas! Después de todo, como suele decirse: «Si no lo usas, lo pierdes».

Todo eso para decir que si quieres ser un gran músico aprendas la ciencia que hay detrás de cómo funciona la música y nunca dejes de basarte en ella. Aprende armonía, contrapunto, *leitmotivs* (un tema recurrente a lo largo de una composición musical o literaria asociada a una persona, idea o situación particulares), la construcción de la melodía y, decididamente, orquestación. Si tiene algo que ver con la música, ¡apréndelo! Empápate de todo lo que puedas saber sobre el tipo de música al que quieres dedicarte, y también sobre los demás tipos. Todo está relacionado. Del mismo modo, si tu objetivo es convertirte en el mejor panadero del mundo, aprende lo que hayan hecho todos los demás con los ingredientes con los que trabajas y entiende cómo actúa cada elemento conjuntamente para crear el producto final. El modo de interactuar de los ingredientes es una ciencia, y para hornear con seguridad tienes que comprender qué funciona bien y qué no.

Recuerda siempre que dentro de la restricción hay libertad. Has de aprender las reglas para poder romperlas. A mi edad, siempre estoy preparado para mezclar la ciencia con el alma, pero es solo porque he trabajado para conseguir ese equilibrio. No puedes esperar que pase sin más, de la noche a la mañana, y si quieres ser un experto has de saber de lo tuyo: desde todos los ángulos, todos los días del año. Así pues, tanto si compones música para películas como si eres ejecutivo en ciernes o aún estás descubriendo qué eres, te reto a escarbar más en el aprendizaje de la ciencia que hay tras tu oficio porque te garantizo que eso cambiará el modo en que creas. El conocimiento nunca ha hecho daño a nadie, y no va a empezar a hacerlo ahora. Así que hazme caso y mejora tu hemisferio izquierdo.

EVITA

LA PARÁLISIS

POR ANÁLISIS

RE#

Ya sé que acabo de hablar largo y tendido de la importancia de mejorar el hemisferio izquierdo del cerebro, pero no me malinterpretes: tiene que haber equilibrio entre ciencia y alma. Si no, puedes caer en la trampa de la parálisis por análisis. Dicho de otro modo, puedes quedarte tan atrapado en tus propios pensamientos, o en la logística de estos, que acabes asfixiando tu arte. Está claro que no soy el único que se ha bloqueado a la hora de componer música o crear, pero lo único que importa realmente en este negocio es lo rápido que puedes desbloquearte. Creo que una de las razones principales por las que he tenido la suerte de tener una carrera tan duradera es el hecho de que he aprendido a no interponerme en mi propio camino. No hay ninguna fórmula para la creatividad, pero si tuviera que elegir una, sería esa. De verdad, aprender esa lección puede suponer la diferencia entre llegar a tu próxima actuación o perderla.

No interponerse en el propio camino puede parecer un concepto abstracto, pero te aseguro que es más sencillo de lo que crees. Se trata de ponerte en una posición que te permita crear libremente, sin juicio interno. Por ejemplo, cuando empecé a componer música para películas, me pasaba las partes más duras del proceso creativo intentando apartar todos los pensamientos innecesarios que correteaban por mi cabeza, desde una sensación interna de que no era lo bastante bueno hasta voces externas que efectivamente me decían que no lo era. Tenía que ir apartando todos esos pensamientos hasta que no quedaba nada más que la verdad, es decir, mi alma y el mensaje que ella quería comunicar. Habiéndolo probado yo mismo, dudo que puedas escribir o crear nada que valga la pena si anulas tus instintos y emociones. Para crear verdad has de estar muy bien asentado en ella.

He aprendido a dirigir el proceso de no interponerme en mi propio camino mediante varios métodos, pero los he sintetizado en cuatro puntos que espero te resulten de ayuda cuando intentes abrirte paso por tu creatividad. Básicamente se reducen a:

1. No te encorsetes.

2. Escucha tus instintos.
3. La prueba de la piel de gallina.
4. Una gran canción o una gran historia.

Para lanzarte a ello, no te encorsetes, no hay otra manera de decirlo. Sin duda, sé que no habría conseguido mis sueños de ser productor, compositor, artista, arreglista, director, instrumentista, ejecutivo de una discográfica, propietario de una cadena de televisión, fundador de una revista, emprendedor multimedia, persona humanitaria y, lo más importante, padre, si me hubiera permitido quedar encorsetado en lo que la sociedad esperaba de mí. Según las estadísticas, debería haber conseguido solo una de esas cosas, o no haber pasado de la adolescencia, a juzgar por el entorno desfavorable en el que nací. De hecho, cuanto mayor te haces, más restricciones te intenta imponer la sociedad; pero cuanto más te permitas crecer, más dejarás a un lado esas barreras.

Como he descubierto de mi amado hermano de otra madre, Ray Charles, esa misma regla es aplicable a la creatividad.

Cuando yo tenía catorce años y él dieciséis, me enseñó a leer música en Braille y solía decirme: «Sé puro y fiel a todos los géneros de música», y eso hice. Crecí respetando todos los estilos y no dejé que las clasificaciones limitaran lo que podía tocar. Ray y yo nunca escribíamos música con una categoría determinada en mente: simplemente dejábamos que nuestro corazón hiciera el tipo de música que quisiera, sin tener en cuenta lo que se esperaba que tocáramos como músicos de jazz. Rock and roll, rhythm and blues, bebop, pop y hiphop: veíamos las etiquetas como un modo de clasificar el producto final, no nuestro proceso creativo. Eso me sirvió de mucho en años posteriores, porque cuando la gente de la industria empezó a hacer comentarios de que era un vendido y que había cambiado mis habilidades con el jazz por discos pop, tuve que reírme, ya que no sabían que desde niño era experto en todos los tipos de música (y que tocaba en bar mitzvahs y clubs de toda la ciudad). Lo único que pude decir fue: «¡Más vale tener algo que vender y saber venderlo!».

En 1973, tuve el honor de producir *Duke Ellington... We Love You Madly*, un especial de la CBS (mi primer reconocimiento televisivo como productor) que organicé para uno de mis ídolos del jazz, Duke Ellington. Contaba con gente como Aretha Franklin, Ray Charles, Sammy Davis Jr., Roberta Flack y Count Basie. Aquel espectáculo era la materialización de la filosofía de Duke de que «solo hay dos tipos de música: la buena y la otra». Cuando acabamos, Duke me dio lo que se convertiría en una de mis posesiones más preciadas: una fotografía firmada con la dedicatoria: «Para Q, que será quien elimine las clasificaciones de la música estadounidense». Me lo tomé en serio y desde entonces siempre he tratado de hacerlo. Esa mentalidad ha sido fundamental para mi éxito creativo porque intentar cerrar los huecos entre géneros me ha permitido desafiar lo que es tradicionalmente posible. Nunca me he quedado en un solo carril, sino que, en cuanto llego al final de uno, salto al siguiente. He hecho todo lo que he podido para animar a los músicos a hacer lo mismo invitándoles a colaborar con otros artistas con los que normalmente no pensarían en trabajar. Se pueden escuchar ejemplos de ese sonido de cruce de géneros en mi disco de 1989 *Back on the Block*, donde hice que reinas del jazz como Sarah Vaughan y Ella Fitzgerald cantaran con raperos como Ice-T, Kool Moe Dee y Melle Mel. He hecho lo mismo en casi todos los proyectos en los que he trabajado.

Siento como si el encargo que me hicieron Ray y Duke, ayudar a desmantelar las clasificaciones por género, estuviera tejido a cada fibra de mi vocación. Uno de mis últimos intentos de hacerlo fue en 2017, a través de la formación de mi plataforma de televisión a la carta Quest TV: un lugar para que los amantes de la música de todos los géneros descubran mundos musicales inesperados. Cada canal está diseñado para guiar a los espectadores por la música, no por los géneros, de modos singulares que ayuden a expandir los horizontes del oyente. Se trata sencillamente de compartir lo bueno y hacerlo más accesible a todos los corazones y almas del mundo.

Para que la música evolucione de forma natural es importante que los críticos dejen de separar a los músicos por «tipo» y únicamente valoren la música por lo que es. De lo contrario, ese exceso de clasificación evita que los músicos exploren todo su potencial porque se encasillan en una rutina de crear con anteojeras. Les han dicho tan a menudo que se queden en su carril que nunca se plantean explorar otras facetas de su campo. A la vez, los artistas han de tomar las riendas de su arte y no permitir que unas restricciones creadas por el hombre dicten su futuro. Yo tuve la suerte de aprender muy al principio de mi carrera que tocar todo tipo de música no solo está bien, sino que debería ser una fuerza motriz.

Estoy convencido de que mantener una perspectiva amplia sobre mis capacidades musicales, así como personales, ha desempeñado un papel importante en mis logros. Me ha permitido acceder a todas y cada una de mis reservas creativas. Y lo principal, evitó que pusiera límite a mi potencial, que me interpusiera en mi propio camino.

Así pues, no te pongas restricciones, y, sobre todo, tampoco permitas que te las pongan los demás.

La segunda práctica que también me ha ayudado mucho a evitar caer presa de la parálisis por análisis ha sido escuchar mis instintos.

Cuando me preguntan «¿Cómo vamos a tener en cuenta nuestros instintos?», me remito al autor Malcolm Gladwell, que lo explicó mejor diciendo: «Bueno, deberíamos tomarlos en serio. Pueden ser muy buenos, o pueden ser muy malos y confundirnos gravemente. Pero en ambos casos tenemos la obligación de tomarlos en serio y reconocer que desempeñan un papel. El error es descartarlos». Y en su excelente libro *Blink* va más allá y asegura: «La percepción no es una bombilla que tenemos en la cabeza y que se apaga. Es una vela titilante que se puede extinguir fácilmente». Es la analogía perfecta, porque muy a menudo descartamos las mejores ideas pensando que tendrían que hacer una gran entrada cuando, en realidad, puede que se presenten en forma de susurro. Por eso es esencial acallar la mente consciente y acceder al subconsciente, la parte que guía la intuición y la capacidad de escuchar esos susurros.

Se ha demostrado científicamente que cuando estamos despiertos, los humanos operamos en estado mental «alfa» o «beta», lo que significa que nuestro cerebro está en estado de calma o reposo (alfa) o muy activo (beta). Sabiendo eso, he decidido que no creo en el bloqueo del escritor. No es un bloqueo, sino la necesidad de cambiar a un estado alfa para poder oír lo que intenta decirte el corazón. Solo entonces puedes acallar tu mente consciente y acceder a tu subconsciente, cosa que te ayuda a pensar con más claridad sin juicio interno. ¿Te has preguntado alguna vez por qué los niños dicen lo que piensan sin inhibiciones? ¡Porque sus ondas cerebrales están en frecuencia alfa!

El compositor Leonard Bernstein, amigo mío de toda la vida, me dijo que él y su compañero Stephen Sondheim compusieron el musical *West Side Story* estando completamente en estado alfa. Se tumbaba en el sofá, echaba la pierna a un lado y se relajaba hasta alcanzar el punto entre la vigilia y el sueño. Fue entonces cuando escribió la música. Yo mismo lo he probado y puedo confirmar que esa práctica funciona. Siempre que he de componer una cantidad significativa de música o que simplemente necesito soltarme, me tumbo boca arriba en el suelo con las piernas en alto, sobre la cama, y dejo a punto el bloc de música y el lápiz. Cuando me he relajado lo bastante y veo que estoy entrando en estado alfa, escribo lo que me viene.

Hay muchas investigaciones que presentan varios modos de entrar en un estado mental alfa, pero lo único que sé es que no creo música de ningún otro modo. Sabiendo lo potente que es, no puedo evitarlo. He oído a compañeros colaboradores decir: «Cuando está en el estudio, Quincy se sienta ahí con la cabeza sobre las manos», pero lo que no saben es que lo hago porque estoy profundamente sumido en mi proceso creativo. Además, siempre que produzco para otros artistas me aseguro de programar las sesiones por la noche, cuando los músicos tienen sueño, para que no puedan pensar demasiado mientras graban su parte. Sin excepción, y a menudo sin ni siquiera darse cuenta, hacen sus mejores interpretaciones justo cuando empiezan a entrar en un estado alfa.

Alfred Newman decía que siempre deberías «tener la partitura y el lápiz a mano, porque si no estás a punto, ¡Dios se lo llevará calle abajo a (Henri) Mancini!». Así que cuando oigas el susurro, más te vale escuchar y escribir. No olvidaré nunca una vez en que me dormí escribiendo en estado alfa. Cuando me desperté al cabo de unas cuatro horas, miré la partitura ¡y vi que había escrito diez páginas! Aprender este método de creación influyó mucho en mi capacidad de acabar tanta música porque no me permitía bloquear lo que salía naturalmente a través de mí. Creo que somos un terminal de un poder mayor, y que tu creatividad se manifiesta a través de ti, no solo sale de ti. Independientemente de las creencias individuales, si no nos mantenemos abiertos a lo que se transmite a través de nosotros, corremos el riesgo de perdernos los susurros.

Como aprendí de dos de mis mentores, los compositores Victor Young y Alfred Newman, es importante «escribir y volver la página, sin más. No volver atrás». Este resultó ser un aspecto importante de la creación en estado alfa, ya que es indispensable no bloquear lo que te intenta decir el subconsciente. A veces cuesta empezar, pero tienes que dejar de darle vueltas y empezar sin más, aunque solo sea una única palabra o forma. Antes de dedicarme a la música, exploré varias formas de arte, como el dibujo y la pintura, y siempre empezaba haciendo un boceto a carboncillo. Aunque no supiera cómo quería que fuera el producto final, hacía una estructura básica o un esbozo. Entonces, a partir de ahí, añadía acuarelas y finalmente el óleo. Cuando empecé a producir música, utilicé un proceso similar. Es decir, intentaba no bloquearme en la expectativa de un producto final, sino seguir mi instinto y traducirlo en una forma o sonido básico. Después construía sobre ellos definiendo las dinámicas, los colores, la densidad, etcétera. Empieza con una imagen o melodía y déjala salir. Y cuando el boceto o la canción tome forma, puedes aplicar las acuarelas.

La creatividad se inspira en lo que sientes, no en lo que piensas, y aprender a sintonizar con esos sentimientos es lo que finalmente te ayudará a superar las distracciones. A lo largo de mi carrera he confiado al cien por cien en mi instinto; de lo contrario, sé que no habría sido capaz de crear arte que ha resistido el paso del tiempo. Reconozco que es más fácil decirlo que hacerlo, pero el siguiente método que voy a compartir contigo es sin duda el mejor modo de hacerlo.

Y ese método es «la prueba de la piel de gallina».

Si la música que estoy creando me pone la piel de gallina, es probable que también se la ponga al menos a otra persona

97

del mundo. Pero si no me conmueve en absoluto y la hago para conseguir una reacción de alguien, me quedo bloqueado en un ciclo interminable de mediocridad. No funciona. En todos los proyectos que he llevado a cabo, desde el más al menos vendido, empecé solo con el deseo de hacer la mejor música posible, música que tocara el alma y la mente. La música, y el arte en su conjunto, es una bestia extraña. No se ve, ni se toca, ni se huele, ni se saborea, pero sin duda se siente. Nunca sé predecir el resultado, ni cómo reaccionará la gente, pero sí que sé decir cuándo una pieza me pone la piel de gallina.

Bloquearte en hacer un producto que crees que el público querrá solo te roba autenticidad. Yo no puedo empezar un proyecto si estoy centrado en qué dirán los críticos o qué pensarán los oyentes, porque esa actitud solo sirve para anular mis instintos naturales, que son una fuente de inspiración mucho más potente y directa.

No hay que confundir esto con las colaboraciones o con recibir críticas constructivas, que son herramientas útiles. A lo que me refiero es a dejar que las opiniones externas penetren en el proceso creativo antes incluso de que este empiece; ahí es cuando acabas ignorando la prueba de la piel de gallina.

Tengo fe en esta prueba porque a mí se me pone la piel de gallina siempre que algo me conmueve de veras: música, películas, poesía, lo que sea. Si no lo siento, entonces no hay nada de qué hablar. Creo que adquirí esa habilidad por empezar en el mundo del jazz, porque el jazz nace de la improvisación. Es una forma de arte de ritmo trepidante que requiere que crees en el acto, sin espacio para dudas. Y se construye completamente alrededor del sentimiento. Esa base me ha servido de mucho, ya que he creado algunas de mis mejores obras en un momento. ¿Recuerdas «Soul Bossa Nova» de la Nota do? Ya sabes, la pista que se convirtió en la canción de la franquicia *Austin Powers*. Pues la escribí en veinte minutos.

Tener un montón de tiempo para trabajar en un proyecto es

un lujo, pero también puede ser terreno propicio para la parálisis por análisis, ya que te permite pensar demasiado. A la larga, ir directo a por la piel de gallina te ahorrará tiempo, puesto que evitará que intentes a la fuerza hacer de tu arte algo que no es lo que ha de ser. Si no lo sientes, te aseguro que nadie lo hará.

De un modo similar, es fácil perderse en lo que creemos que querrán los demás. Por el camino, acabamos olvidando los elementos más importantes de cómo nos interponemos en nuestro propio camino: una gran canción o una gran historia. Doy fe de que este cuarto y último método me ha salvado de perder tiempo intentando arreglar lo que sencillamente no tiene arreglo.

Vamos a analizarlo. Una gran canción puede convertir en estrella al peor cantante del mundo, pero una mala canción no se salva ni con los tres mejores del mundo. Si no tienes una gran canción o una gran historia, no hace falta que pierdas el tiempo en ello.

Con la tecnología que tenemos ahora, los artistas lo tienen más fácil que nunca para embellecer las pistas o diseñarlas específicamente para que se hagan virales, pero las canciones atemporales son eso: atemporales. Da igual el tipo de repeticiones, ritmos, rimas o ganchos que intentes añadirles porque, en el fondo, continúan siendo malas canciones. Pero ¿qué hace que una pieza sea tan especial que pueda sobrevivir al cantante que le dio vida? ¿Qué es lo que hace de una canción un himno? No hay un modo de crear una gran canción porque, de haberlo, lo haría todo el mundo. Ahora bien, las grandes canciones tienen características y cualidades identificables, y su denominador común es la conexión. La pura conexión.

Uno de mis ejemplos preferidos de esto es la canción de Lesley Gore «You Don't Own Me», de 1964, que tuve el honor de proveer y producir para ella durante mi época en Mercury Records. Llegó al número dos de la lista Billboard, pero no pude enfadarme por que no alcanzara el número uno porque por delante estaba el primer éxito de los Beatles en Estados Unidos, «I

Want to Hold Your Hand». «You Don't Own Me» pasó trece semanas entre las cien primeras canciones de la lista Billboard y desde entonces se convirtió en un himno tácito del empoderamiento de la mujer. Nunca habría imaginado el recorrido que acabaría teniendo aquella canción, pero desde el principio nos puso la piel de gallina.

Desde el punto de vista de la letra, tiene mucha fuerza y un mensaje cercano que ha trascendido las fronteras raciales, los roles de género tradicionales y el ciclo vital típico de una canción. Si echas un vistazo a los versos que aparecen a continuación, verás que no se plantean preguntas, solo se exponen afirmaciones.

> *You don't own me.*
> *I'm not just one of you many toys.*
> *You don't own me.*
> *Don't say I can't go with other boys.*[1]

No fue escrita para pedir permiso, como lo habían sido tantas canciones compuestas para mujeres anteriormente. Fue una colaboración central entre Lesley, una chica de diecisiete años que empezaba a madurar como joven adulta, y dos compositores, David White y John Madara, que estaban legítimamente disgustados por los mensajes misóginos que se perpetuaban en la industria musical. David y John han declarado públicamente que estaban «indignados por la cantidad de música que se escribía para intérpretes femeninas a principios de la década de 1960 centrada en fantasear sobre chicos y decidimos escribir una canción sobre una mujer que reñía a un hombre». Madara también señaló que la canción bebía del hecho de haberse criado en un barrio multirracial de Filadelfia, así como de su participación en el movi-

---

1. No eres mi dueño. / No soy uno de tus muchos juguetes. / No eres mi dueño. / No digas que no puedo ir con otros chicos. *(N. de la T.)*

miento de derechos humanos. En lugar de forzar la canción para que encajara con lo que tradicionalmente se aceptaba que cantara una mujer, conectaron con una parte esencial de la humanidad: el deseo de ser tratado equitativamente. Si bien la canción se adaptaba a la perspectiva de la mujer, la letra en su conjunto tenía suficiente versatilidad para amoldarse a prácticamente cualquier oyente. Fue escrita como una declaración de independencia, creada a partir de una sensación profunda de emoción, y estimula esa misma sensación en el oyente.

Desde el punto de vista musical, empieza en un tono menor que sube en el estribillo. Todo lo que se oye refleja lo que Lesley va cantando: la elección de los acordes respalda la intensidad de los versos y cuando Lesley cambia a palabras de victoria y autoridad en el estribillo, la música se hace eco de ese mismo sentimiento. Una gran canción cuenta con elementos de sorpresa, inspiración e ímpetu, y el movimiento de los acordes, al unirse con la letra, hace justo eso. El oído se acostumbra rápidamente a un sonido cuando no varía, así que si no lo cambias, el oído se duerme. Hay una sensación de unidad temática que atrae al subconsciente y embarca al oyente en un viaje de música y letra emocionantes.

La elección del momento de lanzar la canción también fue básica debido a la relación de la letra con el mensaje global del movimiento de los derechos de la mujer que se estaba generando en las décadas de 1960 y 1970, así como el movimiento por los derechos humanos en curso de las décadas de 1950 y 1960. La canción empezó a cobrar vida propia, en la radio, en el boca a boca, en manifestaciones callejeras y más; dondequiera que sonara, la canción era adoptada como himno del empoderamiento femenino, y de cualquiera que sencillamente quisiera proclamar: «No me digas lo que he de hacer. No me digas lo que he de decir.»[2]

2. «Don't tell me what to do. Don't tell me what to say». *(N. de la T.)*

Y no se detuvo en la década de 1960.

En 2015, mi coproductor, Parker Ighile, y yo volvimos a grabar la pista con una artista emergente llamada Grace. Era una versión moderna de la canción, con la actuación de G-Eazy, que llegó a disco de platino en 2016 y se convirtió en la canción del tráiler de *El escuadrón suicida*, de DC. Hasta el momento, la canción ha generado más de mil millones de transmisiones entre proveedores de servicios digitales. Fue un momento bonito en el que cerramos el círculo porque Grace, como Lesley, también tenía diecisiete años cuando grabamos su versión. Me dio la sensación de que el mensaje de la canción tenía que repetirse en esta nueva generación, y funcionó.

Desde convertirse en un himno del empoderamiento femenino en la época del movimiento de los derechos de las mujeres en las décadas de 1960 y 1970 a cobrar vida propia durante el auge del movimiento #MeToo, la canción continuó siendo relevante debido a su capacidad de conectar. Incluso durante los años transcurridos entre las grabaciones de 1963 y 2015, la canción se hizo representativa de diversas causas, ya que, al fin y al cabo, tenía un mensaje potente y conectaba con movimientos más grandes que cualquier experiencia individual. En 1996, se convirtió en la canción que Goldie Hawn, Diane Keaton y Bette Midler cantaban en la icónica escena de divorciadas de la comedia *El club de las primeras esposas*. Y en 2018, en homenaje a esa escena y al mensaje de empoderamiento que hay tras «You Don't Own Me», Ariana Grande presentó su éxito «Thank u, Next» en *El Show de Ellen DeGeneres*, con una interpretación de esa misma escena de *El club de las primeras esposas*. También en 2018, el reparto íntegramente femenino de *Saturday Night Live* hizo su propia interpretación de la canción con la actriz Jessica Chastain la noche de la Marcha Mundial de las Mujeres. De nuevo, la canción conectó con los oyentes, independientemente de su raza, género o edad, y demostró que no importaba cuándo se hubiera escrito. Continuaba siendo igual de importante y relevante cincuenta años después.

Independientemente de cualquier nueva grabación o producción que añadiéramos a la canción, la conclusión es que la composición poseía características y cualidades innegables que la han hecho memorable e impactante. Que al fin y al cabo es de lo que se trata. Puedes pasarte el día pensando en qué quieres añadir a tu arte, pero si no tiene una base sólida crearás sobre arenas movedizas. Si te obligas a crear el producto que crees que la gente quiere en lugar de dejar que fluya desde la verdad, solo estás impidiéndote alcanzar una conexión verdadera con tu público.

Así pues, independientemente de lo que te digan o pienses que deberías ser, no te encorsetes nunca, escucha tus instintos e inclínate hacia los susurros, siempre elige la piel de gallina, y quítalo todo hasta que sepas que tienes una gran canción o una gran historia. En resumen, no te interpongas en tu camino para dejar paso a lo que está por venir de forma natural. Llevo respetando estas normas desde las primeras etapas de mi carrera y continuaré haciéndolo mientras viva y cree en este mundo. El punto clave es entrar en el flujo sin dar a la mente consciente un instante para proyectar los juicios internos, así que, aunque una palabra o frase no tenga sentido en el momento, ¡escríbela! A menudo tú eres tu mayor obstáculo creativo, así que deja de controlarte y ¡deja-que-fluya!

103

EL PODER

DE QUE

TE SUBESTIMEN

*E*spero que la Nota re sostenido haya resultado de ayuda para tu proceso creativo. Con todo, no hemos desconectado todas las minas con las que uno puede encontrase cuando aprende a crear libremente. De hecho, hay otro gran elemento que no siempre se puede controlar: la opinión de los demás. Mis detractores me han dicho repetidamente que no era lo bastante bueno o inteligente para alcanzar mis objetivos, pero tengo la suerte de haber advertido el poder de que te subestimen. Cuando la gente te sobrevalora, se interpone en tu camino, pero cuando te subestima, se aparta de él. Por ejemplo, si los demás ponen unas expectativas muy altas en ti, la presión por no fracasar puede convertirse en una distracción significativa para progresar. Cuando las expectativas puestas en ti son bajas o inexistentes tienes la libertad para crear sin que te vigilen. Una vez hube superado que me dijeran que era un incompetente o que no me merecía lo que tenía, el sentimiento de duda de si era lo bastante bueno se acabó convirtiendo en el combustible que me impulsó. Encontrarme en esa posición más veces de las que puedo contar ha sido en parte el motivo de mi éxito.

En lugar de verme como una amenaza, los dirigentes poderosos de la industria con frecuencia me veían solo como un desvalido sin ninguna posibilidad de alcanzar el éxito comercial. Ser infravalorado es la mejor posición en la que estar porque te da la oportunidad no solo de cumplir con las expectativas, sino también de superarlas. Aprender esta lección ha sido valiosísimo en mi carrera porque, en lugar de pensar que no estaba llamado a conseguir nada, lo veía como si tuviera una posición única para superar las barreras que me habían puesto. Después de todo, en algún momento todos hemos visto cómo la presión de ser sobrevalorado demasiado pronto en la profesión puede ir en detrimento del artista si no está convenientemente preparado. Piénsalo. ¿Te has preguntado alguna vez por qué los artistas de un solo éxito se llaman artistas de un solo éxito? Tras un primer lanzamiento, se depositan unas expectativas tremendamente altas en ellos y ya no son capaces de seguir creando contenido igual o mejor. Siempre es mejor construir desde cero que intentar alcanzar lo más alto de entrada.

106

Y lo más importante, que te subestimen ayuda a mantener el ego a raya. El exceso de bombo y las felicitaciones prematuras pueden llevar a la arrogancia. Unos humos subidos no sirven para nada más que para hacerte parecer un idiota.

Y por los mismos motivos nunca deberías prometer de más ni producir de menos. Siempre es mejor sorprender a los críticos que demostrar que tenían razón. No vayas por ahí presumiendo de ser «el mejor» porque tu trabajo hablará por sí mismo. En lugar de perseguir la fama, inclínate hacia tu zona de oscuridad, o hacia tu posición de grandeza inesperada, para planear y prepararte para el siguiente esfuerzo. El momento de menos atención suele ser cuando se ve más claro, sin las opiniones de los demás distrayéndote.

En cualquier caso, no puedes permitir que las expectativas que los demás tengan sobre ti eclipsen quién eres de verdad. Poner demasiado énfasis en las asunciones de otros es el modo más rápido de fracasar, porque esperar la validación de fuentes externas solo te dejará sensación de vacío. Es una persecución sin sentido. Cabría pensar que tras alcanzar cierto nivel de éxito las especulaciones negativas se disipan, pero puedo decir por experiencia que no hacen más que intensificarse. Me han subestimado por ser demasiado joven y también por ser demasiado viejo. Es un ciclo que no acaba nunca, así que en última instancia depende de ti decidir si vas a vivir la vida que se espera que vivas o la vida que quieres vivir.

Tengo muchos ejemplos de haber sacado fuerza del hecho de ser subestimado, pero uno de mis recuerdos más irónicos es de cuando empecé a trabajar con Michael Jackson como productor de sus tres discos más importantes: *Off the Wall*, *Thriller* y *Bad*. La historia de la música sería un poco diferente si hubiera permitido que las opiniones negativas se interpusieran en el camino de lo que sabía que era capaz de hacer. Pero, como he dicho, presumir antes de hora solo te hace parecer un idiota, así que extrae tú mismo tus propias conclusiones de la siguiente anécdota.

107

A finales de la década de 1960, estaba saturado de componer música para películas. Llevaba hechas treinta y cinco y había tenido éxitos y fracasos. La mayoría de los compositores hacen una o dos al año, pero yo nunca hice tan pocas. ¡Un año hice ocho! Llevaba un ritmo insostenible. Recuerdo que a menudo dormía solo tres horas al día y metía las muñecas bajo el grifo de agua fría para mantenerme despierto. En aquel momento también había tenido tres hijos más, además de Jolie, Rachel, Tina y Quincy Jones III, así que durante el día no tenía demasiadas horas para trabajar. Asimismo, los compositores de música cinematográfica (sobre todo los negros) estaban en lo más bajo de la cadena productiva de Hollywood y eran fácilmente reemplazables. Era como si mi valor en la industria pendiera siempre de un hilo. A la más mínima me podían echar. Y, sobre todo, quería escapar de la rigidez de tener que componer música para películas. Tenía ganas de regresar a la industria discográfica y quería hacer discos con mi propio nombre, producir a otros artistas y facilitar un proceso creativo más fluido. No quería pensar en ningún plazo. Simplemente quería crear cosas que me pusieran la piel de gallina.

En 1969 firmé un acuerdo con Impulse! Records, de Creed Taylor, a la que distribuía A&M, y durante la década de 1970 hice un buen número de discos, entre ellos *Walking in Space*, uno de los primeros discos de jazzfusión, *Gula Matari*, *Body Heat*, un montón de proyectos con The Brothers Johnson y muchas cosas más. Hacia finales de la década de 1970, me volvieron a reclutar para el cine después de que Sidney Lumet me pidiera que fuera el productor y supervisor musical de su nueva película, *El mago*. No quería hacerlo, pero Sidney me había ayudado a conseguir mi primer trabajo de música cinematográfica para la película *El prestamista*, en 1964, de modo que no podía decirle que no.

Había conocido a Michael Jackson cuando él tenía solo doce años, pero *El mago* nos unió en nuestra primera colaboración oficial, ya que él tenía el papel de Espantapájaros. Cuando empezamos los ensayos, Michael se estaba preparando para hacer su propio disco con Epic Records y me pidió que le ayudara a buscar productor. Yo estaba hasta la bandera tratando de conseguir preproducción para *El mago*, así que no podía ni plantearme pensar hacerlo yo. Sin embargo, a medida que avanzaban los ensayos me di cuenta de que, además de sus talentos extraordinarios, Michael tenía una ética del trabajo como no había visto otra antes. Pasara lo que pasara, siempre estaba preparado. Se aseguraba de que cada paso de baile, diálogo y verso quedaran perfectos, e incluso memorizaba los diálogos de sus coprotagonistas.

En una escena, le dijeron que tenía que sacarse del pecho de paja trocitos de papel que llevaban escritos proverbios de filósofos famosos, y él siempre pronunciaba mal Sócrates. Tras tres días de pronunciar «Socrates» y que nadie le corrigiera, le cogí aparte durante una pausa y le dije: «Michael, antes de que te acostumbres, creo que deberías saber que se pronuncia Sócrates».

«¿De verdad?», dijo con humildad extrema.

Sin pensarlo ni siquiera un segundo, le contesté: «Me gustaría intentar producir tu nuevo disco». Su capacidad de aceptar la crítica, además de su ética de trabajo y su talento, me indicaban que era exactamente el tipo de artista con el que querría trabajar. Él aceptó.

Más tarde, cuando Michael abordó con su sello, Epic Records, el tema de que yo produjera el disco, su representante de A&R le contestó: «De ningún modo. Quincy tira demasiado hacia el jazz. Solo ha hecho The Brothers Johnson. Es arreglista y compositor de jazz».

Era el mismo tipo de respuesta que había oído una y otra vez a lo largo de los años. No conocían el alcance de mi experiencia, y le dijeron a Michael que lo harían Kenny Gamble y Leon Huff. Al final volvió a Epic con sus representantes, Freddy De-Mann y Ron Weisner, y exigió que yo produjera su disco. El sello accedió con consternación, aunque sin esperar mucho de mí. Y pese a acceder, no cooperaron demasiado. Sin embargo, llegado a aquel punto, no importaba, porque la pelota ya estaba en mi campo. Sabía que podía cumplir sus bajas expectativas o superarlas. Además de sus dudas sobre mi competencia, muchos también se preguntaban si Michael lograría triunfar como artista en solitario en sus años adultos sin el apoyo de sus hermanos.

Evidentemente, yo estaba al tanto de sus días en los Jackson 5, pero me interesaba ayudarle a romper con aquel antiguo personaje en el que estaba encerrado. Quería empujarle más allá de la música *dance* y ver hasta dónde podía estirar su musicalidad. Hacía poco le había visto en los Oscars cantando «Ben», una canción sobre una rata (para la película *Ben*), que yo sabía que no era lo bastante buena.

Más que nada, quería ayudarle en su desarrollo artístico y hacerle buscar dentro de sí mismo, sin limitaciones sobre hasta dónde podía llegar musicalmente. Tenía talento y motivación de sobras. Hacía los deberes. Solo necesitaba algo de guía. Evalué su creatividad desde todos los ángulos y apliqué todo lo que había aprendido con los años para ayudarle a crecer como artista, como bajar los tonos una tercera menor para darle flexibilidad y un rango más maduro en sus registros más altos y más bajos. Jugué con cambios de tempo. Quería hacer un álbum pop que mezclara elementos de R&B, ritmos disco, arreglos de primera y, por supuesto, sus voces. Reuní a mi «banda matadora de Q», integrada por Rod Temperton, uno de los mejores compositores que ha habido sobre la faz de la tierra; Bruce Swedien, el ingeniero de todos los ingenieros; Greg Phillinganes, teclista virtuoso; Jerry Hey, un monstruo de trompetista y arreglista; Louis Johnson, el más joven de The Brothers Johnson; John «J.R.» Robinson, un compañero exalumno de Berklee y batería de Rufus; el brasileño Paulinho Da Costa a la percusión; y muchos otros grandes talentos musicales.

110 Aunque era imposible predecir las posibilidades de éxito del álbum, todos dimos más del cien por cien en cada pista y matiz del disco. En un intento de encaminar a Michael hacia canciones con más profundidad y sentimiento que las que había cantado hasta entonces, cogí «I Can't Help It» de Stevie Wonder, «Girlfriend» de Paul McCartney, «She's Out of My Life» de Tom Bahler (¡canción que en un principio le iba a dar a Frank Sinatra!), «Rock With You» de Rod Temperton y, por supuesto, «Don't Stop 'Til You Get Enough». Michael hizo la mayoría de sus voces en directo, sin sonido agregado. El disco resultante, *Off the Wall*, vendió diez millones de copias.

Se convirtió en el disco de un cantante negro más vendido de la historia. No está mal para alguien que tira demasiado hacia el jazz, ¿verdad? Paradójicamente, Epic estaba a punto de hacer una ronda de despidos, pero *Off the Wall* salvó los puestos de trabajo de muchos de los escépticos que afirmaban que Quincy no era el tipo adecuado. También se convirtió en el primer disco en generar cuatro éxitos que llegaron al top 10. Debido al éxito de *Off the Wall*, Michael y yo seguimos adelante y grabamos

Thriller (que, hoy en día, continúa siendo el álbum más vendido de todos los tiempos) y *Bad*.

Aquella experiencia confirmó el hecho de que la gente siempre va a tener una opinión sobre tu cualificación. Lo que de verdad importa es lo que hagas con ella. Centrarse demasiado en lo que digan los demás sobre ti te llevará por el camino de la derrota antes de tener siquiera la oportunidad de actuar. Tienes dos opciones: considerar su escepticismo o quitar las cadenas a tu creatividad y permitirte estar a la altura. Todavía tengo que recordarme esta lección porque a mí no dejaron de subestimarme tras *Off the Wall*, *Thriller* o *Bad*. De hecho, cuanta más gente oía esos álbumes, más opiniones me llegaban.

Sin embargo, en la actualidad, en lugar de verme subestimado por mi competencia, me veo subestimado por mi edad. A menudo me preguntan cuándo voy a retirarme, y yo me limito a contestar: «Si estoy empezando. ¿Retirado? Si le quitas el 're' te queda 'tirado'. Y yo no me veo tirado». Si no te vas, no has de reaparecer, y eso es justamente lo que tengo idea de hacer. Retirarse no tiene nada de malo, y menos si has aportado décadas de trabajo duro, pero sencillamente no es para mí. No tengo interés en que mi edad dicte mi competencia. Si acaso, cuanto mayor me hago, más aprendo y más quiero aplicar ese aprendizaje a mi trabajo, mi música y mi vida.

He seguido inclinándome hacia ser subestimado en casi todas las actividades empresariales, porque ello nos ha colocado a mí y a mi equipo de Quincy Jones Productions (QJP) en una posición de menos resistencia. Por ejemplo, gestionamos una lista de artistas de talento —lo mejor de lo mejor, en mi opinión—, pero nos han dicho en innumerables ocasiones que algunos de nuestros artistas «tiran demasiado hacia el jazz», o no son «lo bastante conocidos» para recibir ciertas oportunidades. Pues bien, te voy a decir una cosa: hoy en día, uno de nuestros artistas, Jacob Collier, ha ganado cinco premios Grammy® y ha sido nominado a nueve, incluido el de disco del año. ¿Cómo es eso de ser demasiado jazzístico? Te lo digo, estos chavales lo son. Alfredo Rodríguez, ASHER YELO, Dirty Loops, Eli Teplin, Erick the Architect, Jonah Nilsson, Justin Kauflin, Kanya, MARO, McClenney, Music Box, Richard Bona, Sheléa, Yeti Beats y más. Todos y cada uno de ellos continúan arrasando dondequiera que van, en cualquier cosa que hagan. Si lees sus historias en mi página web, quincyjones.com, verás exactamente a qué me refiero. Estoy orgullosísimo de esos chavales y de llamarles familia porque saben lo que es trabajar. Un requisito para formar parte de nuestra lista es tener los hemisferios izquierdo y derecho entrenados, y todos los tienen.

Bajo el paraguas de QJP también hemos cultivado varios productos y sociedades prometedores, incluida mi empresa de tecnología para enseñar a tocar el piano, Playground Sessions.

En 2012, tras conectar con el fundador y director ejecutivo, Chris Vance, ayudé a crear la empresa para contribuir a que más gente descubriera el placer de aprender a tocar el piano. Para mí resulta imposible imaginar una aplicación de la tecnología más positiva que la que ayuda a personas de todas partes a vivir la experiencia de tocar música. Casi el 85 por ciento de las personas de todo el mundo desean aprender. Lamentablemente, el enfoque tradicional del aprendizaje ha desanimado a la mayoría de quienes lo han intentado.

Al dirigirnos a inversores y transmitirles nuestra visión de cómo combinar tecnología, ludificación y *big data* para hacer el aprendizaje más divertido y accesible a las masas, topamos con un montón de negativas y puertas cerradas. Muchos dudaban de que pudiéramos llegar a hacer un producto divertido y lo bastante fácil como para que fuera de consumo masivo.

Incluso los profesores se unieron al tren del no y nos dijeron abiertamente que los alumnos no podrían aprender piano correctamente solos en casa.

Contraria a esos detractores, Playground Sessions es en la actualidad la principal herramienta digital para aprender a tocar el piano. En nuestra plataforma se han tocado más de mil millones de notas y nuestros alumnos disfrutan de una tasa de éxito de más del 90 por ciento.

Nuestro equipo no solo ha creado una de las mejores tecnologías, sino que también podemos decir con orgullo que utilizamos la app para ayudar a profesores de piano que han descubierto que Playground es una gran herramienta complementaria para sus alumnos, ya que los mantiene inspirados entre una clase presencial y la siguiente.

Durante la pandemia del COVID-19, cuando la gente no podía salir de casa ni socializar con la familia y los amigos, es evidente que se recurrió ampliamente a la música. Los instrumentos volaban de las estanterías, casi tanto como el papel higiénico, y Playground estuvo ahí para ayudar a miles de personas de todo el mundo cuando más se necesitaba. Fue una demostración de primera mano del poder sanador de la música, y me siento sumamente orgulloso de todo mi equipo de Playground Sessions porque han trabajado incansablemente para crear un producto que nos enorgullece compartir con el mundo.

Y sobre todo, a través de nuestra app, hemos dado más de cien millones de clases a gente que quiere aprender a tocar el piano. Encontrar un piano en aquel centro recreativo de Seattle fue lo que me salvó la vida, y mi alma se alegra de poder compartir el regalo de la música con los demás.

Además del desarrollo de programas, he continuado diversificando mis esfuerzos porque cuando te subestiman en un área, los críticos no te ven aparecer por el otro lado. Es todo cuestión de elegir estratégicamente en qué dirección vas a centrarte después. Cuando me dicen que soy demasiado mayor para producir, les atizo con un especial para televisión. Bromas aparte, tengo la suerte de seguir estando en posición de crear y colaborar. En los últimos años, mi equipo y yo hemos producido grandes eventos como *Salir a escena: música e historias afroamericanas que cambiaron América*, la inauguración del Museo Nacional Smithsonian de Historia y Cultura Afroamericana; *Celebración del alma de una nación*, en el Broad Museum; *Banda sonora de América*, la celebración de cinco noches de la inauguración de The Shed, en los Hudson Yards de Nueva York; y muchos más. Cuando no estamos produciendo eventos, estamos fichando talentos para mi local Q's Bar and Lounge del Hotel Palazzo Versace de Dubai. Y cuando no estamos haciendo eso, estamos contribuyendo al desarrollo de artistas, fichando talentos en el histórico (y mi favorito) Festival de jazz de Montreux en Suiza, creando nuevas líneas de aparatos electrónicos con Harman y JBL, y haciendo documentales galardonados, como *Keep On Keepin' On* y *Quincy*. ¡No nos llaman «empresa integral de entretenimiento» por casualidad! Cada decisión que se toma se basa en una estrategia.

Cabe mencionar también que estoy en el negocio de apoyar a los no favoritos. A través de nuestra división de inversiones, fuimos de los primeros en invertir en Spotify en 2011, así como en Alibaba, Wayfair, Uber y otros muchos. Has de ser capaz de ver no solo lo que tienes delante, sino también lo que hay a la vuelta de la esquina.

Este principio no solo es aplicable para mí. Miremos a Apple. Antes de dominar los aparatos electrónicos, los programas y los espacios de servicios en línea, les dijeron en numerosas ocasiones que nunca triunfarían en la industria.

Podría seguir dando ejemplos todo el día. ¿Netflix? ¡Olvidadlo! Podrían haberlos visto venir a la legua, pero Blockbuster estaba tan cómoda con su éxito en la industria que no pensaron nada de la joven empresa que competía por la cuota de mercado. Blockbuster incluso tuvo una oportunidad de comprar Netflix, pero, con una nave impulsada por el ego, se rieron de la oferta de Netflix y se confiaron de la posición que ocupaban en la industria. En 2010 Blockbuster estaba en quiebra y Netflix se quedó con todo el mercado. La carrera se gana con paso lento y seguro, pero el ego la pierde.

Si te descubres inclinándote más hacia el lado de un crítico que hacia el de quienes son criticados, nunca desestimes a los ganadores distintos. Con todo, si lo haces, ¡estate preparado para aparecer en su puerta con una carta de disculpa!

Y si te descubres del lado de quienes han recibido la crítica, como me ha pasado a mí a menudo, recuerda que no hace falta que contraataques con amargura. Céntrate en tus objetivos y en lo que sabes que eres capaz de hacer: esa es toda la venganza que has de tomarte. Sea el color de piel, la edad, una discapacidad, o cualquier cosa, la gente siempre va a encontrar algo en ti para subestimarte. Es inevitable.

Pero, en lo que a mí respecta, continuaré progresando porque no permito que las valoraciones negativas sobre mí conformen quién soy. A los más de ochenta y ocho años, me siento como si estuviera empezando, por muchas veces que me digan que es hora de dejarlo.

HAZ LO QUE

NO SE HAYA

HECHO NUNCA

FA

$\mathcal{H}$abiendo aprendido el poder que tiene que te subestimen, me siento afortunado de haber conseguido más de lo que habría previsto y de haber visto más lados de la vida de los que habría esperado. Ahora bien, si todavía puedo decir que me siento como si estuviera empezando a los ochenta y ocho años, no es porque haya interiorizado esta lección, sino porque he aprendido el significado de soñar a lo grande. Más concretamente, he aprendido la importancia de nunca alcanzar completamente mis sueños y de mantener objetivos de altura que me ayuden a conseguirlos. Eso ha evitado que apareciera el ego, porque de lo contrario, si hubiera conseguido todas mis aspiraciones cuando llegué a los sesenta, me habría dormido en los laureles. Puesto que mis sueños siempre han crecido con mi edad, sé que siempre tendré algo por lo que luchar. Aprender a colocar peso sobre mis ambiciones ha sido una lección importante, ya que me ha mantenido motivado durante mucho tiempo y me ha permitido hacer todo lo que he logrado.

Sin duda he tenido momentos en que he querido tirar la toalla, pero saber que todavía me quedan muchas cosas por conseguir me hace estar entusiasmado por lo que ha de venir. Nunca me permito estar tan cómodo con el pasado como para descuidar las posibilidades de mi futuro. Para mí, asentarse no es una posición neutral, sino únicamente negativa, ya que equivale a perder el empuje en mitad de una ascensión. Así pues, si no me marco objetivos audaces ni me estiro para intentar conseguirlos, nunca sabré de lo que soy capaz. «Si tienes miedo de suspender nunca sacarás un sobresaliente», podríamos decir.

Nuestra mente es limitada, así que tendemos a ponernos limitaciones desde el principio, pero yo he encontrado belleza en lo desconocido simplemente dando a mi mente la libertad de explorar. Aprender a estar bien abastecido de sueños enormes es lo que me ha llevado por calles interminables de oportunidades. Siempre que oigo la frase «Eso no se ha hecho nunca», me siento como un león al que le lanzaran un pedazo de carne. Inmediatamente me despierta el interés y me señala la dirección de mi siguiente reto. Nunca sé qué encontraré, pero cuanto más me exijo, más me sorprendo. Si hubiera estado cerrado a las posibilidades desde el principio, habría fracasado incluso antes de intentarlo.

No hubo un momento concreto en que aprendiera la lección de soñar a lo grande, sino que ha sido la acumulación gradual de aspiraciones ilimitadas lo que me ha permitido alcanzar cosas que de otro modo sé que no habría podido conseguir. De hecho, es lo que me llevó a convertirme en el primer vicepresidente negro de una gran discográfica, el primer nominado negro a un premio de la Academia a la mejor canción original, el primer nominado negro a un premio de la Academia por partida doble un mismo año —premio a la mejor canción y premio a la mejor música cinematográfica—, el primer director de orquesta y director musical negro de la ceremonia de los premios de la Academia, entre otros muchos «primeros». No digo esto con ánimo de vanagloriarme de mis logros; en todo caso, esos «primeros» no me impresionan porque a menudo significan «los únicos». Puede ser un indicador de progreso —en mi caso, específicamente para la comunidad negra—, pero no es señal de haber alcanzado el objetivo: continúa habiendo un problema. Dicho esto, conseguir estos logros no tiene que ver conmigo como individuo, sino con utilizar mis dones y talentos para contribuir a sumar al colectivo.

Cuando nos permitimos soñar, las posibilidades son interminables para el conjunto. Por ejemplo, cuando pienso en el sueño de Martin Luther King Jr., que todos los individuos tuvieran garantizados los mismos derechos, no puedo evitar pensar que los sueños de uno están inextricablemente ligados a los del otro. Sin el deseo de colectividad de Martin Luther King puede que no nos hubiéramos concedido la libertad personal de creerlo como individuos. No siempre me he visto como alguien que sería considerado un artífice del cambio, pero de eso se trata precisamente: es fácil mirar a los demás y justificar por qué ellos pueden y tú no. Una persona en concreto que realmente supo romper esas barreras mentales fue Nelson Mandela. Tuve el honor de pasar muchos años con él e incluso tuve la oportunidad de ser parte de la delegación estadounidense en su toma de posesión como presidente de Sudáfrica. Una de las cosas que solía recordarme era el concepto de ubuntu, palabra derivada de la frase zulú «*Umuntu ngumuntu ngabantu*», que básicamente significa que la colectividad es siempre mayor que el individuo. Como he dicho anteriormente, no se trata de «yo, me y mío», sino de «nosotros, nos y nuestro». Cuando buscamos crear a nivel singular, acabamos generando un cambio más allá de nosotros mismos que afecta a los demás.

Por ejemplo, en mi búsqueda de la excelencia, independientemente de la tarea, tengo el honor de haber derribado muchas barreras y batido muchos récords. Solo lo digo porque casa con lo que dije en la Nota do: este mundo necesita tus dones y talentos. Si no asumes responsabilidades, ¿quién lo hará? Darte permiso para soñar y hacer lo que nunca se ha hecho da a los demás permiso para hacerlo también. Piénsalo: ¿nunca has visto a alguien a quien admiras y has pensado: «Bueno, él o ella ha sido la primera persona en batir el récord, así que yo también puedo hacerlo»? Cuando tienes la oportunidad de abrir las puertas que tradicionalmente se te cerraban de un portazo, es importante que aguantes la puerta abierta para que el siguiente pueda pasar. No se trata de alimentar tu ego con una lista de galardones, sino de continuar allanando el camino que tienes delante.

A principios de la década de 1980, una de las puertas que todavía tenía que abrirse de par en par era la del mundo del hiphop. Los principales medios de comunicación no paraban de destacar y ensalzar la violencia que rodeaba la música, pero no mostraban que el hiphop era una de las celebraciones más increíbles de la cultura y la vida negras. Yo creía muchísimo en el hiphop y el rap y les daba todo mi apoyo, y sabía que no se podía agrupar a todos los artistas bajo la pancarta de «gangsta rap». Había un montón de chavales extraordinarios allí afuera, con mentes brillantes, a los que se hacía encajar con calzador en un discurso, cuando ellos lo único que hacían era crear música como expresión de su vida cotidiana.

El caso es que yo llevaba tiempo experimentando con varios tipos de técnicas para rapear. Cada vez me interesaba más la forma artística africana (original), y de esa exploración surgió mi disco de 1975 *Mellow Madness*. Incorporaba versos y letras de rap poético arreglados como cantos de llamada y respuesta, que formulé con ritmos funk e instrumentos de percusión africanos. También había un rap llamado «Beautiful Black Girl», interpretado por los Watts Prophets, un grupo conocido por combinar la música jazz y las actuaciones de *spoken word*.

En 1977, tuve el gran honor de poner música a la miniserie de referencia *Raíces*, basada en el libro original del famoso escritor Alex Haley. Me lancé a investigar sobre canciones de percusión y tradicionales, así como sobre historia africana. Me puse a escribir una música que hablara de la experiencia de mi pueblo originario y recluté a algunos músicos sudafricanos, lo mejor de lo mejor, como Caiphus Semenya y Letta Mbulu. Poner música a aquel proyecto fue un proceso profundamente emocional, ya que me dediqué a conciencia a aprender sobre el comercio transatlántico de esclavos y todas sus consecuencias. Descubrir cosas sobre mis raíces, mi gente y mi música fue una experiencia transformadora, y en última instancia es lo que me llevó a desear profundamente saber y compartir más sobre mi historia y mi cultura.

Como he señalado en la Nota si, el rap proviene de los imbongi, los griots y los narradores orales de historias de Sudáfrica, pero en Estados Unidos cobró vida propia. El hiphop se convirtió en una expresión de la cultura callejera, pero continuaba estando en sintonía con la tradición de la música de la fuerza vital africana. Se convirtió en una cuerda salvavidas para muchos jóvenes de pocos recursos, y los artistas utilizaban el rap como forma de crónica social. A aquellas alturas había viajado mucho por el mundo y había conocido prácticamente todos los tipos de música que existían, pero en 1979 el hiphop empezó a tomar el poder de un modo que no había visto nunca. Cuando el grupo Sugar Hill Gang lanzó «Rappers Delight», vendió unos doce millones de sencillos. Al visitar lugares como Alemania, Ámsterdam o Dinamarca, descubrí que los chavales se la sabían de pe a pa.

Sin embargo, la industria de la música en general era bastante escéptica sobre si el rap sobreviviría y permanecería como estilo popular. Yo estaba convencido, y así lo había dicho en muchas entrevistas: el rap había venido para quedarse; o le seguíamos el ritmo, o nos echaba a patadas. A finales de la década de 1980 lo expresaba cada vez más, como se demuestra en mi álbum de 1989 *Back on the Block*, en el que incluí a raperos contemporáneos como Ice-T, Melle Mel, Big Daddy Kane y Kool Moe Dee. Como ya he dicho en la Nota re sostenido, fue escrito para un grupo de músicos intercultural e intergeneracional. Además de raperos, en el disco participaron gente como Ella Fitzgerald, Luther Vandross y Ray Charles. Más allá del intento de crear buena música, tras aquello había un significado más profundo.

Estaba convencido de que los chavales que subían necesitaban que les introdujeran al jazz; es más, necesitaban comprender que toda nuestra música y cultura surge de las mismas raíces. Y sabía que el hiphop era el modo de hacerlo. Había una gran desconexión entre las diferentes formas de expresión, pero quería levantar un puente. Así que hice que los raperos Kool Moe Dee y Big Daddy Kane presentaran a su generación de hiphoperos a Dizzy Gillespie, a Miles Davis y la generación del jazz en una versión del clásico de Joe Zawinul *Birdland*.

Casualmente, por aquella misma época, mi querido amigo Steve Ross, el genio ejecutivo que hubo detrás de la fusión Time Warner, me preguntó si tenía alguna idea para algún proyecto en el que pudiéramos trabajar juntos. Yo soñaba con formar una alianza de la nación hiphopera para consolidar la energía de la música de un modo significativo. Así que, en un esfuerzo por poner de relieve la cultura, en lugar de ensalzar el dramatismo del gangsta rap, donde la gente o se mete en problemas o la asesinan, compartí mi idea de crear una revista que diera una voz más positiva a la población negra. Poco después, en 1992, en colaboración con Steve y Time Warner, creamos la revista *Vibe*.

Sacamos a Snoop Dogg en la portada de nuestro primer ejemplar, y en el mundo de la prensa musical *Vibe* pronto se convirtió para el hiphop en lo que *Rolling Stone* era para el rock. Aunque los críticos pusieron un límite en referencia a hasta dónde podíamos llegar, yo tenía la sensación de que las posibilidades eran infinitas, ya que *Vibe* se convirtió en una de las revistas de hiphop más vendidas del país en el momento.

Sin embargo, a mediados de la década de 1990, en medio de la celebración del éxito de la revista, el trasfondo de la escena «gangsta rap» se iba haciendo cada vez más peligroso y se iban perdiendo vidas. Durante el punto álgido de la rivalidad hiphopera entre la Costa Este y la Costa Oeste había tiroteos reales, y con los medios de comunicación controlando el discurso, un rapero muerto delante de todos era tratado como un recurso de usar y tirar para la escena del hiphop. Los medios no paraban de ensalzar este tipo de actos y hacían enemigos de los artistas; las historias que se publicaban se centraban en la amenaza que suponía el rap, pero no respondían a problemas más profundos como el racismo o por qué los chavales que subían al escenario sentían como si tuvieran que ir por un camino de violencia. Cuando el hiphop generaba dinero, se le alababa, pero cuando alguien resultaba herido, el público se hacía el tonto para no abordar los problemas reales. No podíamos permitirnos aquel tipo de actitud. No cuando había en juego vidas humanas.

Como prueba adicional, en el número de abril de 1994 de *Vibe*, el rapero de veintitrés años Tupac afirmó desde la cárcel que «si de verdad decimos que el rap es una forma de arte, entonces tenemos que ser más responsables con nuestras letras. Si ves que está muriendo todo el mundo por lo que dices, no importa que no los hayas matado tú, lo que importa es que no los has salvado… A mí nunca me ha venido a salvar nadie. Solo miran lo que te pasa. Por eso para mí se ha acabado la vida de matón. Si es de verdad, que la asuma otro, porque yo estoy cansado de ella. Ya la he representado demasiado. Yo tenía vida de matón».

Yo quería contribuir a acabar con la enemistad entre los artistas de rap y los grupos de las costas Este y Oeste hablando con ellos sobre la esperanza. Después de todo, en una ocasión yo también había caminado por aquella senda. Sabía lo que era pensar que mi única escapatoria era unirme a una banda o entrar en la violencia, pero ya que me había liberado de aquel estilo de vida, no podía dejarlos allí solos. Así pues, el 24 de agosto de 1995, en el Hotel Península de Nueva York, organicé unas jornadas *Vibe* para tratar sobre el estado del hiphop. Llevé a Clarence Avant, Attallah Shabazz, Maya Angelou, al general Colin Powell y a otros líderes del pensamiento para que habla-

123

ran con gente como Chuck D, P. Diddy, Common, Dr. Dre, Fab Five Freddy, Suge Knight, Q-Tip, Biggie, entre otros, y les dijeran que no podían dejar que las peleas callejeras les pusieran a unos contra otros, y que se responsabilizaran del tipo de música que publicaban. Mi objetivo era hacer que los raperos hablaran entre sí, cara a cara, con sentido, y sin los medios de comunicación de por medio echando leña al fuego.

Durante el simposio, el ejecutivo de la industria musical estadounidense (y mi mejor amigo) Clarence Avant dijo «El talento es poder... Has de usarlo de modo que te beneficie, no que te destruya». Y Attallah Shabazz, la hija de Malcolm X, contó que «tenemos que adquirir el hábito de gustarnos de verdad, simplemente, para que cuando consigamos el poder tengamos algo de sentido de la responsabilidad. [No seáis] vengativos, [ni] os motivéis por estar cabreados, o enfadados, o histéricos. [Porque] eso significa que hay alguien que sabe qué botón ha de apretar. Si solo funcionas cabreado, siempre puedo cabrearte». En uno de los talleres, Jake Robles, de Death Row Records también dijo que «nunca había visto que un disco llevara a una persona a matar. [Había visto] que la pobreza llevara a una persona a matar. [Había visto] que la droga llevara a una persona a matar y a intentar conseguirla». A Jake le mataron de un tiro un mes después de las jornadas.

Los medios de comunicación ensalzaban la rivalidad, pero cuando los chavales se veían envueltos en ella los dejaban solos para que hicieran frente a la responsabilidad.

Sé que el simposio no solucionó todos los problemas, pero supuso el comienzo de un diálogo muy necesario entre la comunidad hiphop e inyectó algo de esperanza y perspectiva en medio de una época de extrema oscuridad. Los mensajes que compartimos en aquellas jornadas conectaron con algunos artistas, y con el tiempo fui consciente del impacto positivo que tuvo en sus carreras y, lo primordial, en sus vidas. Quería enseñarles que aunque la fama, el dinero y la violencia puedan proporcionar una sensación de poder, esta es falsa y temporal, nunca perdura.

Uno y dos años después respectivamente, Tupac y Biggie se fueron para siempre de manera prematura. Aquello me enfureció, sobre todo habiéndoles conocido en persona.

Nunca olvidaré todas aquellas almas perdidas.

En los años siguientes hubo muchos cambios en el personal directivo de *Vibe* y la visión colectiva empezó a astillarse. Aunque el sueño no duró, no lo veo como un fracaso porque me permitió conectar con el pulso de las calles en una época en que nadie más lo hacía.

En 2018, *Billboard* publicó un artículo que afirmaba: «La revista *Vibe* fue el primer hogar auténtico de la cultura en la que vivimos hoy. Antes de que las principales emisoras de radio del país se etiquetaran como lugares para "el hiphop y el R&B", antes de que los programas de televisión, las películas y los anuncios reflejaran con normalidad la sensibilidad del hip-hop, antes de que las principales publicaciones sacaran a gente de color en la portada de forma habitual, *Vibe* se lanzó a expresar su confianza en que todo aquello pronto generaría una nueva tendencia multicultural».

Al poder entrar en el mundo del hiphop, un lugar al que muy pocos querían ir, tuve la oportunidad de presentar un discurso más positivo sobre nuestra cultura que el que se había comercializado hasta entonces. También me proporcionó una línea directa de comunicación con tipos que quizá nunca habrían tenido la oportunidad de hablar con alguien como yo, alguien que se había criado en el mismo ambiente que ellos y que podía identificarse con su dolor y sus luchas. Pude compartir mi experiencia personal sobre por qué las bandas y la violencia no eran el camino. Muchos de aquellos chavales no habían tenido nunca modelos a seguir en sus vidas, y al ver que los medios ensalzaban la caída del entorno del gangsta rap, gravitaban hacia él porque era el único sueño que les habían enseñado a tener.

Aunque el resultado final de la revista no fue exactamente el que yo había imaginado, sabía que si hubiera dejado de perseguir aquel sueño, *Vibe* nunca habría existido. Abrió las puertas a que la gente de color apareciera en la portada de una revista, a que los chavales tuvieran una perspectiva más holística del hiphop que los medios de comunicación principales no querían que vieran. Y, sobre todo, permitió que se diera un diálogo centrado en la esperanza.

Soñar a lo grande me ha llevado a cumbres que nunca había esperado, y me ha sorprendido mi capacidad de estirarme en muchas direcciones diferentes. Sin duda no sabía adónde me llevarían mis aspiraciones, pero, de alguna manera, me alegro de ello. De haberlo sabido, tal vez no me hubiera aplicado al máximo al ver lo abrumadoras que eran las tareas que me esperaban. Es importante no perder la confianza en uno mismo antes de intentarlo, así que sigue soñando y trabajando para respaldar esos sueños. No esperes que se cumplan por sí solos.

No obstante, he de advertirte: los grandes sueños no llegan sin grandes fracasos. La cosa se pondrá difícil y cometerás errores. Una y otra vez. Somos humanos y tropezamos, pero lo que importa es lo que haces para volver a levantarte. Si me hubiera permitido quedarme en los momentos bajos, todavía estaría allí. De forma similar, si fracasas al primer intento, no te rindas. El éxito es un proceso acumulativo; no es un acontecimiento único. Cuando estás empezando, es un error tras otro. Ganas una vez y pierdes la siguiente. Al cabo de un tiempo, los errores se vuelven experiencias valiosas. Cuantas más oportunidades tengas de ganar, perder o apenas intentar, más probabilidades tendrás de convertir esas experiencias en combustible. No se aprende tanto ganando o yendo sobre seguro.

Cuando empezaba en la industria del espectáculo, no podía empezar un proyecto con actitud desganada, aunque fuera un proyecto que no me gustara mucho. Sabía que eran todos importantes, porque si hacía un mal trabajo una vez, cuando llegara el siguiente trabajo de bebop, Hollywood diría: «Bueno, Quincy no lo hizo bien aquella vez, así que se acabaron los hermanos del alma para nosotros». Nunca podría tener esa actitud. Y ahora, cuando los chavales negros me ven nominado para un premio de la Academia, saben que se puede hacer.

Tal vez no puedas hacerlo todo solo, pero siendo la chispa que enciende la llama quizá seas el estímulo de un cambio que nunca creíste posible y ayudes a evitar que «los primeros» sean «los únicos».

Imagina que todo el mundo estuviera esperando a que otro tomara la iniciativa o fuera el «primero». Me parece que el mundo sería un lugar tremendamente estancado. Tanto si creas una nueva pieza musical como si construyes una nueva plataforma tecnológica o intentas curar el cáncer, o cualquier otra función que nunca pensaste que pudieras desempeñar, todos tenemos un lugar. Incluso cuando se trata de tu arte, correr riesgos y tener el empuje para crear lo que nunca antes ha sido creado sin duda te diferenciará de tus compañeros. Si no ves el tipo de representación que te parece que hace falta en tu línea de trabajo, encárgate de cambiarlo. No te pongas límites. Tanto si es en el terreno de perseguir la igualdad como la libertad creativa, o lo que sea en tu caso, asume las funciones que no se estén desempeñando. A menudo, nuestros mayores desafíos creativos proceden de un lugar de cambio interior porque nos empujan, nos estiran y nos extienden para que alcancemos formas, esquinas y direcciones que no pensábamos que ocuparíamos.

Es importante marcarse sueños elevados para no superarlos, porque el ego, en realidad, es inseguridad encubierta. Si de pequeño me hubiera quedado con sueños pequeños, quizá no habría visto valor alguno en forzarme a conseguir más. Con esa actitud, *Vibe* no habría sido una realidad a mis sesenta años.

Solo espero inspirar a quienes vengan detrás de mí para hacerlo realidad: lo que sea. Que nuestros esfuerzos colectivos creen muchos «primeros», pero no «únicos».

127

COMPRENDE

EL VALOR

QUE TIENEN

LAS RELACIONES

*L*legados a este punto, espero que hayas asimilado las lecciones que he compartido y que hagas caso de ellas. Sin embargo, debo empezar esta Nota con una advertencia: si lo haces todo correctamente pero no sigues el consejo de esta lección que voy a darte, todo se irá al traste. Así que, por favor, créeme cuando te digo que has de trabajar en ti mismo tanto como en tu arte. Como solía decirme mi profesora de música Nadia Boulanger: «Quincy, tu música no puede ser ni más ni menos que lo que tú eres como ser humano». Tanto da el talento que tengas, o los éxitos que alcancen el número uno, si antes no trabajas en quién eres.

Si no eres una persona con la que resulte agradable estar, créeme, la voz corre rápidamente. He visto a demasiados tipos con mucho talento en esta industria arruinar su carrera (y su vida) como resultado de no darse cuenta de esto. Y para dejar las cosas claras: tus esfuerzos personales y los profesionales están inextricablemente relacionados. Lo que hagas en tu vida personal afecta a la percepción que tienen de ti en tu vida profesional, y lo que hagas en tu vida profesional afecta a cómo vives tu vida personal. Es importante señalarlo, porque lo que hagas fuera de horas importa igual, si no más, que lo que hagas en la oficina o en el estudio.

Has de ser humilde respecto a tu creatividad y elegante respecto a tu éxito. Cuando llegas a cierto nivel de resultados puede aparecer la sensación de ser invencible, pero el dinero y la fama no te hacen mejor que nadie. Los principios básicos de la decencia humana van de la mano con tu entrenamiento creativo. Es un hecho. Cada vez que voy a un acto o a una fiesta, suelo ser el último en marcharme porque dedico tiempo a conversar profundamente con cualquiera. He oído a gente decir: «Es increíble que hables tanto rato con el dependiente», o con el camarero, o con quien sea. Bueno, ¿por qué no habría de hacerlo? De hecho, ¿por qué no habrías de hacerlo tú? Aunque su trabajo no esté directamente relacionado con el tuyo, siguen siendo personas a las que hay que tratar con respeto. Hay belleza en todo el mundo, y las relaciones son valiosas.

Todo en este negocio, y en la vida, gira en torno a las relaciones: la gente que conoces y, sobre todo, cómo los tratas. En lo que atañe a reputación, solo tienes una oportunidad, de verdad, y cómo manejes las relaciones que vayas estableciendo a lo largo del camino llenará una gran parte de la ecuación. Tengo la gran suerte de haber estado rodeado de gente que no solo estaba comprometida con mi carrera, sino también conmigo como persona.

De quien aprendí el valor de necesitar trabajar en mí primero y como músico después fue del gran director de big band y pianista Count Basie. Fue una lección difícil, pero, en retrospectiva, cambió el curso de mi vida y de mi carrera.

¿Recuerdas cuando te he dicho en la Nota la sostenido que Seattle era como la meca de la música? Bueno, a menudo hacía novillos del colegio para quedarme entre bambalinas en el Teatro Palomar, el Auditorio Eagles y el Club Social y Educativo Washington para ver a los músicos de jazz que venían de gira. Uno de esos artistas que tuve el honor de conocer en el Palomar fue uno de mis mayores ídolos, Count Basie. Yo tenía solo trece años y supongo que claramente estaba tan desesperado por recibir consejo musical que básicamente me adoptó. No me veía como un chaval que suplicaba ayuda sino como un joven con potencial que necesitaba algo de guía.

En aquella época, los artistas negros eran como familiares cercanos, se apoyaban y cuidaban unos a otros simplemente por un parentesco tácito. En mi caso, Basie fue un paso más allá y asumió cualquier papel que viera que faltaba en mi vida: hermano mayor, mentor, mánager, lo que fuera. Me enseñó a sobrevivir en la vida y en los negocios. Por emocionante que pueda llegar a ser la industria de la música, nadie permanece en la cima. Puesto que él había pasado por toda la gama, me preparó para un viaje parecido. «Aprende a ocuparte de los valles, que las montañas se cuidarán solas», me dijo. Las montañas son una metáfora del éxito; los valles, de cuando tienes que hacer lo que se espera de ti y te dan una patada en el culo. Ahí es donde de verdad descubres de qué estás hecho, pero has de empezar ahí para llegar a la cima de la montaña. Basie se aseguró de que yo supiera cómo defenderme tanto si estaba en lo alto como en lo bajo, porque el éxito nunca está asegurado.

131

A principios de la década de 1960, cuando luchaba por empezar con mi propia big band, siempre me apoyó. Una vez firmó un préstamo por mí para que un banco me concediera un avance de 5.500 dólares, aunque no había manera de saber cuándo se lo podría devolver. En todo el proceso, se aseguró de que todo fuera una experiencia de aprendizaje, no un donativo.

Una de las lecciones más duras de aprender fue la de «sé siempre justo». Nos consiguió a mí y a mi banda de dieciocho músicos un bolo en Hartford, Connecticut, sustituyendo a la suya, tocando para los Black Shriners. El promotor esperaba un público de mil ochocientas personas, pero solo se presentaron setecientas. Después de la actuación, cogí el dinero que me tocaba y estaba a punto de marcharme de la ciudad cuando apareció Basie por sorpresa y dijo: «Devuélvele al hombre la mitad de su dinero. Ha puesto tu nombre en el cartel y no ha venido gente. No es culpa suya».

«¿Lo dices en serio?», pregunté.

La respuesta de Basie fue: «Tu nombre estaba en el póster y no has tenido tirón. No es culpa suya. Quizá tengas que volver a ver a este promotor otro día. Devuélvele la mitad del dinero».

Lo hice, pero me enfadé muchísimo. Necesitaba el dinero. Había ganado aquel dinero. La lección de Basie era «sé siempre justo», pero aquello no me parecía justo. Era mi dinero, simple y llanamente. Y ahora iba Basie y me decía lo que no podía hacer con él. Bueno, no te quepa duda de que estaba histérico, pero no me atreví a contestarle. Le respetaba demasiado.

A posteriori, me di cuenta de lo que hizo. Con aquel enfrentamiento me enseñó la importancia de convertirme en un hombre íntegro porque solo entonces podría ser buen empresario y músico. Podría haberme ido con el dinero porque por contrato era mío, pero dado que mi nombre no generaba lo esperado, actuar en interés del promotor era lo correcto. Basie se aseguró de que tratara a la gente justamente, aunque eso significara que me tocara la peor parte.

Creo que nunca volví a ver a aquel promotor. Pero esa es la lección: no hagas las cosas para obtener algo a cambio. Hazlas porque es lo correcto. Puede que no tengas la sensación de sacar algo de ello, pero de eso se trata precisamente. No es para ti. Es lo correcto. Si necesitas más pruebas de por qué deberías vivir de este modo, entraré en más detalle. Más allá de hacer lo correcto por hacer lo correcto, conduce a relaciones más valiosas y a largo plazo ahorra un montón de dolores de cabeza.

Cuando intentaba formar una big band para la gira *Free and Easy* que he mencionado en la Nota do, yo sabía que Basie tenía algunos de los mejores músicos en su banda, y le podría haber robado unos cuantos fácilmente. Pero no me atreví. Basie se había portado bien conmigo y no iba a clavarle una puñalada por la espalda. Conservar la confianza de una persona es una de las cosas más valiosas que puedes hacer, y cuando forjas buenas relaciones las mantienes de por vida.

Aunque mi intención nunca ha sido mantenerme cerca de la gente suficiente tiempo como para tratar de conseguir más de ellos, me ofrecían oportunidades de trabajo constantemente y de forma natural porque mantenía las relaciones. Por ejemplo, cuando en 1964 Frank Sinatra me pidió que les dirigiera a él y a la Count Basie Band en un disco, me tocó el gordo. Como he dicho en la Nota do sostenido, el motivo por el que Frank me pidió que dirigiera y arreglara su disco fue que había oído los arreglos que había hecho con Basie un año antes. ¿Crees que habría podido hacer aquel disco con Basie si hubiera estado enfadado con él por hacerme devolver la mitad de mi dinero a aquel promotor de Hartford? Lo dudo. Aquel proyecto con Frank y Splank (el apodo de Basie) resultó ser uno de los más especiales en los que he trabajado jamás. Y, aparte de las ventajas obvias de colaborar con músicos que se convertían en familia, acabamos haciendo historia juntos con «Fly Me to the Moon» cuando se convirtió en la primera canción que sonó en la Luna. Conseguí compartir aquel momento especial con mi mentor, el tipo que me educó cuando fácilmente me podría haber derribado muchas veces.

133

También junto a Basie tuve el placer de trabajar con la legendaria Ella Fitzgerald. Juntos grabamos un disco titulado *Ella and Basie!* para el famoso productor Norman Granz. Después del proyecto, seguí trabajando con Ella muchas más veces. No sé ni por dónde empezar a citar los numerosos ejemplos en que las relaciones personales valiosas han llevado a relaciones laborales valiosas. La lista continúa, y no me ha fallado, ni personal ni profesionalmente.

Más allá de la importancia básica de forjar relaciones, tener la capacidad de establecer una conexión personal fuerte posibilita un sentido más profundo de lealtad y camaradería en tus colaboraciones creativas. Por ejemplo, yo llevo años utilizando los mismos músicos porque, aparte de ser unos músicos extraordinarios, son gente auténtica. Lo notas en su música.

Conozco a mis músicos porque si no sé quiénes son como personas, entonces seguro que no sabré quiénes son como músicos. Cuando trabajaba en los discos de Michael Jackson, tenía en la sala a personas que eran lo mejor de lo mejor, basado en relaciones reales. Como ya he dicho anteriormente, Rod «Worms» Temperton era uno de los mejores compositores, pero también era una de las mejores personas que conocía. Eso hacía que la experiencia en su conjunto fuera mucho más disfrutable y, además, ¡es imposible sentarse a escuchar más de ochocientas canciones con alguien con quien no te llevas bien! Rod no tenía ni un gramo de frivolidad. Nuestra relación era bien real e intercambiábamos opiniones y comentarios firmes sin ponernos histéricos, como decía su yo británico, ni perder la cabeza, como decía mi yo estadounidense. Siempre he tenido la gran suerte de trabajar con algunos de los mejores, y todavía más de habérmelos ganado como miembros de mi familia. Cuando trabajas con gente a la que respetas, de forma natural entras en contacto con su red de relaciones, y a partir de ahí continúa desarrollándose.

En 1984, cuando *Thriller* arrasó, fui a ver actuar a Basie en el Palladium de Los Ángeles. No imaginaba que aquella sería la última vez que le viese. Tenía casi ochenta años e iba en silla de ruedas. Y tras el concierto le trajeron hasta mí detrás del escenario. Con los ojos bien abiertos, se acercó a mí, me agarró el brazo y exclamó: «Tío, esa mierda que ha hecho Michael... Duke y yo no habríamos ni soñado con nada tan grande. ¿Me oyes? ¡No osaríamos ni soñar con ello!».

Basie había estado allí para mí desde que yo tenía trece años. Bajar la vista y verle en aquella silla de ruedas era como ver el largo camino de nuestra relación de treinta y siete años, que había empezado cuando levanté la vista hacia los focos del Teatro Palomar de Seattle, donde actuaba él. Que me hiciera un cumplido significaba más que nada en el mundo: más que la fama o la fortuna. Los premios y galardones van y vienen, el dinero se gasta, se gana y se vuelve a gastar; pero nunca jamás habrá otro Count Basie.

Cuando avanzas en la vida, vas dejando cosas atrás, pero Basie me recordaba todo aquello de donde yo venía: mi padre, mis raíces de jazz, mi pasado, mi integridad. Varios de mis primeros amigos del mundo del jazz se alejaron de mí cuando gané más reconocimiento. Yo quería que nuestras relaciones fueran como antes —divertidas, libres, sin esfuerzo ni pretensiones—. pero aun así algunas se derrumbaron. No habría que permitir que nada pequeño destruyera una amistad de toda la vida, y Basie lo sabía. Su amor era incondicional. Siempre estaba orgulloso de mí, independientemente de mis logros o del estilo de música que quisiera tocar. Estaba ahí para mí, y viceversa. Era un rey. Cuando bajé la vista y le vi allí sentado en aquella silla de ruedas, supe que se estaba muriendo. Lo vi en sus ojos. «Gracias, Splank», dije, y le abracé y me fui al camerino antes de que pudiera ver mis lágrimas.

Las lecciones que Basie compartió quedaron incrustadas en mí de por vida, y siempre pienso en él cuando he de decidir si tomar el camino fácil o la decisión más difícil (y correcta). Estoy eternamente agradecido por el referente que fue en mi vida, y dudo que fuera la misma persona de no haberle conocido.

Es curioso, mi mejor amigo, el Padrino Negro, Clarance «Bumps» Avant, solía bromear diciendo que si yo tuviera veintisiete centavos regalaría veinticinco. En una ocasión escribió que «nunca había conocido a nadie que pudiera entrar en una habitación y hacer que hombres hechos y derechos —empresarios veteranos y canosos— se abrazaran unos a otros».

Soy consciente de que mis acciones parecen algo «blandas» a veces, pero no cambiaría mi deseo de ser un ser humano decente ni por todo el oro del mundo. No lo digo por ahuecar mis propias alas, sino para recordarte que es posible encontrar el éxito sin apartarte de tus valores morales. Sé que es tentador ignorarlos cuando tienes la sensación de estar solo en la búsqueda.

135

Créeme, sé que hacer lo correcto no siempre se celebra públicamente, pero lo que haces cuando nadie mira son los cimientos sobre los que construyes tu vida y tu carrera. Constrúyelos sobre un terreno firme y estarás en pie hasta el fin de los tiempos. Constrúyelos sobre arena y te hundirás antes de que el reloj marque las doce.

Sin duda puede que haya perdido dinero u oportunidades aquí y allá por haber elegido el buen camino, pero también me ha ahorrado muchos dolores de cabeza. Tanto si crees en Dios como en el karma o en la ley de la atracción, o si no crees en nada de eso, el denominador común de todo ello es que cuando actúas por principios atraes a quienes se comportan de un modo similar. Si tratas mal a la gente, te tratarán igual a ti. Por supuesto, hay excepciones a esta norma, pero la mayoría de las veces es válida. Conocer esta verdad ha evitado que acabara en malos acuerdos de negocios con gente que no tenía en mente lo mejor para mí. Actuar con integridad te diferencia de la multitud. Es fácil dejarse llevar y hacer las cosas como las hacen los demás; en cambio, cuesta mucho más ir contra corriente y actuar siguiendo una brújula moral.

Más allá del componente ético de esta lección, muchas de las personas de más éxito que he conocido en mi vida han dominado el concepto de las relaciones y de la verdadera conexión. Y, sobre todo, han llegado a conocer a cada uno por quien era, no por lo que hacía. Una de las lecciones más memorables que aprendí del gran visionario y amigo incondicional Steve Ross (antiguo director ejecutivo de Time Warner) fue: «sé un oso, un toro, pero nunca un cerdo». No puedes tratar a la gente como si fueran de usar y tirar porque… no lo son.

De hecho, hoy en día, todavía trabajo con muchos de los músicos que reuní para mi «banda matadora de Q» en la década de 1980. La gente vale más que lo que puedan hacer por mí en el mundo empresarial. Y, ¿sabes qué?, ese es uno de nuestros grandes problemas como sociedad. Reducimos a las personas a un número y una posición. Cuando conoces a alguien en una reunión para establecer vínculos, ¿cuál es la primera pregunta que les haces? «¿Y de qué trabajas?»

¿A cuántos de tus socios comerciales o colaboradores creativos conoces realmente? ¿Tienen hijos? ¿Tienen aficiones? Si no sabes las respuestas, ha llegado la hora de hacer algo de trabajo personal. Por lo general, primero suelo preguntar a mis socios todo tipo de cosas sobre quiénes son como seres humanos, ya que me interesa de verdad. Algunas de mis preguntas preferidas son: «¿Cuáles son tus raíces?» o «¿Dónde naciste?». Sin contexto emocional, estás allí solo para hacer una transacción.

Como ya debes de haber notado, tengo un apodo para la mayoría de la gente con la que trabajo. Sin necesidad de esfuerzo, eso establece una relación personal automática y derrumba cualquier barrera preexistente con las que suelen venir las relaciones profesionales. Se ha convertido en algo tan natural de mi modo de interactuar con los demás que a menudo lo olvido hasta que alguien lo remarca. Encuentra formas singulares de conectar con la gente y descubrirás maneras aún más enriquecedoras de relacionarte. Alguna vez me han preguntado: «¿Cómo tienes tantos amigos?». Bueno, por decirlo sencillamente, intento no ser mal amigo.

En mi caso, decido conscientemente trabajar solo con colaboradores que sé que son personas auténticas y de confianza. De hecho, en todos los años que tuve el honor de trabajar con Frank Sinatra y Ray Charles ni siquiera tuvimos contrato, solo nuestra palabra y un apretón de manos. Era precioso saber que podíamos confiar los unos en los otros, incondicionalmente. Cuando daba mi palabra, daba mi palabra, y con ellos pasaba lo mismo. Nunca rompíamos las promesas que nos hacíamos ni nos enfrentábamos en público, porque nos valorábamos y nos respetábamos. Ya sé que trabajar en una relación sin contratos puede no ser factible para todo el mundo, pero lo que importa es el principio subyacente. Piensa lo que dices y di lo que

137

piensas. Conozco la diferencia entre colaborar con quienes claramente se han tomado su tiempo para trabajar en ellos mismos y con quienes no. Lo mismo es aplicable a la gente que contrato en la empresa Quincy Jones Productions. Operamos como una familia. Eso no significa que siempre haga sol, haya piruletas y arcoíris, pero al final del día me rodeo de buena gente en quien sé que puedo confiar.

Sin decir nombres, me he topado con muchas personas con quienes elijo no volver a trabajar porque me han mostrado su verdadera naturaleza, sea en el rodaje o en el estudio de grabación. En lo que atañe a reputación, solo tienes una oportunidad, y he visto a mucha gente estropear relaciones y posibilidades antes incluso de poder establecerlas. Como puede que hayas visto en tu campo, sobre todo en la industria creativa, el mundo es un pañuelo, y por lo general hay como máximo solo seis grados de separación. Lo creas o no, la gente habla, y también hablarán de ti, para bien o para mal. Con suerte, esta lección evitará que estropees relaciones por tus actos, o que te labres una reputación de la que no te puedas recuperar.

Con lo severa que es la cultura de la cancelación hoy en día, no es algo con lo que se pueda jugar.

Si bien las redes sociales tienen muchos usos positivos, la contrapartida es que con tanta interacción en línea realmente hemos perdido la sensación de relación personal. Es fácil esconderse tras una pantalla y actuar de forma impropia porque no parece que vaya a haber consecuencias. Pero, tanto si se ven como si no, los actos tienen consecuencias. Quizá no hoy, quizá no mañana, pero las acaban teniendo. Por mucho que tiren de nosotros en dirección a la desconexión interpersonal, no pierdas nunca de vista quién eres en el fondo, y no pierdas nunca de vista la humanidad.

Actuar sin integridad puede llevarte a un lugar concreto, pero las consecuencias de tus actos siempre te alcanzarán. Solo hay que leer o mirar las noticias para ver representadas esas situaciones, resultado de una mala toma de decisiones por parte de individuos en su momento venerados. Eres tú quien ha de vivir con las consecuencias de tus actos, y te aseguro que la gente que en su día te animaba a tomar malas decisiones ya no estará cerca cuando necesites que alguien te recoja.

Mi esperanza es que trabajes lo bastante para forjarte una carrera que se erija sobre cimientos de autenticidad y credibilidad, en lugar de intentar adecuarte a lo que sea popular en cada momento. Como he dicho antes, si no te vas, no has de reaparecer, y levantar una carrera sobre unos principios morales firmes te permitirá hacerlo. Es una maratón, no una carrera. No trates bien a los demás solo porque quieras algo de ellos. Trátales bien porque es lo correcto. Siempre trabaja en ti primero porque entonces, y solo entonces, podrás ser mejor músico, creativo, ejecutivo o lo que sea que luches por ser. Toma decisiones de las que puedas estar orgulloso. Si conducen a una buena oportunidad para ti, fantástico. Si no, al menos tendrás la conciencia tranquila. De verdad, conseguir el éxito siempre es más gratificante cuando sabes que lo has hecho como resultado del esfuerzo auténtico, del trabajo duro, y no haciendo trampas o con poca ética.

Así que, una vez más, te dejo con lo que me enseñó Nadia Boulanger: «Tu música no puede ser ni más ni menos que lo que tú eres como ser humano».

COMPARTE

LO QUE

SABES

SOL

Una persona que ejemplificaba lo que era ser un músico excepcional, y aún mejor persona, fue el legendario trompetista Clark Terry. Clark, o Sac, como solíamos llamarnos mutuamente (abreviatura de *¡sack-a-doo-doo!*, ese es nuestro sentido del humor bebop \(^o^)/), era sin duda uno de los mejores trompetistas, y su pasión por la mentoría fue uno de los grandes regalos que hizo a este mundo. Cambió mi vida, la de Miles Davis, la de Herbie Hancock y la de todos los demás por quienes decidió apostar. Que creyera en mí cuando era niño tuvo un impacto enorme en el curso de mi carrera, y como mi primer profesor de trompeta, sus ánimos me han impulsado desde entonces, incluso después de su muerte en 2015. Sus noventa y cinco años de vida ejemplificaron una de las lecciones más especiales que he aprendido nunca: la importancia de la mentoría, como mentor y como aprendiz, una relación simbiótica que tiene el poder de transformar vidas.

Te contaré más cosas sobre cómo se las ingenió Sac para enseñarme, pero antes quiero centrarme en por qué ese tipo de relación es tan importante.

Independientemente del campo en que te muevas, los primeros pasos suelen ser los más desmoralizantes porque te has de enfrentar a una curva de aprendizaje empinada e imponerte como figura de autoridad sin tener experiencia. En mi caso, al empezar sin conocimientos musicales previos, era esencial aprender de quienes hubieran andado ese camino, para poder asimilar de ellos tanto conocimiento como fuera posible y aprender lo que no había que hacer. La industria del espectáculo a menudo retrata el éxito como un logro que se consigue de la noche a la mañana, pero lo que no siempre se muestra es la acumulación de errores que son necesarios para llegar ahí. Por lo tanto, cuando mires a alguien y pienses «Tiene muchísima experiencia» o «Es superfamosa», ten en cuenta que eso significa que ha cometido un montón de errores para llegar a donde está y que tú necesitas la oportunidad de hacer lo mismo. También necesitas que la gente que te rodea pueda decirte: «No hagas eso. Nos salió fatal hace veinte años», para ahorrarte un posible final de carrera o un traspié potencialmente fatal para tu vida. Esos son tus mentores.

Además de otros beneficios, la mentoría me puso en una vía rápida hacia mis objetivos. En lugar de perder el tiempo buscando respuestas por todas partes, podía recopilar consejos de quienes ya habían pasado por ese problema. Aunque no tuvieran todas las soluciones, su guía me servía como punto de partida avanzado. Y puesto que sin duda te enfrentarás a decisiones difíciles y se te presentarán situaciones delicadas, un mentor puede ayudarte a navegar en unas aguas que él ya ha atravesado.

Sin los gigantes musicales y personales que me subieron a sus hombros y me ayudaron a ver que podía conseguir más de lo que jamás había creído posible, dudo que estuviera aquí ahora. La acumulación de orientación externa me infundió sensación de confianza en mí mismo cuando a veces no la tenía en absoluto. Y lo más importante, mis mentores han sido puntos de referencia esenciales que me han devuelto al camino siempre que me he desviado de él.

En cuanto a ser mentor, es tan importante como tener uno. Si alguien te sube a sus hombros, debería ser responsabilidad tuya hacer lo propio por otra persona. Si Dios te concede talento en cualquier área de tu vida, depende de ti saber administrarlo y transmitirlo. Hacerlo contribuye a crear un vínculo mayor entre generaciones, además de infundir en los individuos una sensación de confianza que tiene el poder de transformar a poblaciones enteras. Si hubiera suficientes personas con voluntad de levantar a otras sobre sus hombros en lugar de tirarlas al suelo, la brecha generacional no existiría. Por hacerme eco del sentimiento del antiguo proverbio: «Los jóvenes son el futuro», y hay que invertir en ellos.

Con frecuencia se cree que la mentoría requiere una estructura formal, pero te aseguro que no hay que tener ningún talento especial para tener un mentor ni para serlo. Un mentor es simplemente alguien que sabe ver los interrogantes y el destello de la esperanza en tus ojos. No hay manual de instrucciones para ser mentor, más allá del hecho de que has de mantenerte fiel al deseo de lograr un cambio en la vida de alguien. No tiene más secreto. A menudo, lo que una persona necesita es solo la sensación de confiar en sí misma, y en mi caso la confianza que Clark Terry tuvo en mí sirvió de mucho. Como señala mi querido contrabajista de jazz Christian McBride, Clark «enseñó a miles de alumnos que a su vez han enseñado a miles de alumnos, que enseñarán a miles de alumnos más». Una simple acción tiene el poder de llegar muy lejos, así que no subestimes el impacto que puedes tener en aquellos con quienes interactúas.

Bueno, ahora que he explicado por qué creo en el poder de la mentoría, te voy a contar una de mis historias favoritas: la historia de cómo Clark se convirtió en mi mentor.

Como he indicado en la última Nota, de niño solía pasar el rato entre bastidores de los teatros de Seattle (sí, en aquel entonces estaba permitido), para ver qué hacían los músicos que estaban de gira. Desde su jerga hasta su música. Estaba decidido

143

a absorber hasta la última gota. Puesto que eso era en 1947, antes de que despegara la televisión, estar en los clubs era mi única oportunidad de descubrir las últimas tendencias de la Costa Este. Así pues, cuando aquel año la Count Basie Band estuvo en el Teatro Palomar para una residencia de un mes, me empeciné en estar allí cada noche. Clark era trompetista en la banda de Basie, y como resultado de la radiocomunicación, todo el mundo en la ciudad sabía que Clark era el trompetista de trompetistas. Estar entre bambalinas era como estar a unos pasos de un dios de la música. Yo no era más que un chaval flacucho de trece años y lo único que quería era ver si me podía dar algún consejo. Noche tras noche volvía a escuchar a la banda tocar y los veía marcharse, hasta que un día reuní el valor suficiente para acercarme a Clark y preguntarle si querría enseñarme a tocar bien la trompeta.

144

Tras barajar la idea un instante, enseguida concluyó que no iba a ser posible porque tenía que tocar en el teatro hasta tarde, después en clubs hasta la madrugada y no regresaría a su hotel hasta primera hora de la mañana, tras lo cual dormiría todo el día hasta la hora de empezar de nuevo.

Sin embargo, lo volvió a considerar y dijo: «Bueno, tú estás en el colegio mientras yo duermo. Y duermes mientras yo trabajo. ¿Cómo vamos a arreglar eso?».

Yo sabía que era una posibilidad remota, pero también sabía que era mi única oportunidad, así que me espabilé a pensar algo rápido.

«Bueno, podría levantarme pronto y venir a verle un par de horas antes de ir al colegio», respondí.

Para mi sorpresa, estuvo de acuerdo. Al día siguiente a las seis de la mañana me presenté en su habitación de hotel poco después de que se hubiera dormido, y llamé a la puerta para despertarlo.

Aquel mes volví allí cada día y me enseñó de todo: técnica, estilo y respiración diafragmática. Normalmente me sangraba la boca cuando tocaba porque no colocaba bien la trompeta, así que me la cogió y me dijo: «No, melón, súbetela aquí», señalándose más arriba en el labio. Me enseñó lecciones infinitas y la última semana, cuando se preparaba para irse de la ciudad con Basie para la siguiente actuación, fui a su hotel y le dije: «Señor Terry, también he aprendido a componer, y le agradecería que escuchara mi primer arreglo».

«Ahora tengo que irme, pero déjamelo y le echaré un vistazo cuando lleguemos a San Francisco.»

Cuando llegó a San Francisco, se lo pasó a Basie y le preguntó si «recordaba a aquel chavalito de Seattle que merodeaba por el quiosco de música». Cuando Basie reconoció que sí, que de hecho me recordaba, aceptó probar. Tocaron mi pieza y al parecer era un poco cansina, pero Clark creía tanto en mí que cuando regresó a Seattle para más actuaciones me devolvió mis acordes con palabras alentadoras: «Chaval, has cometido un par de errores, pero puedes estar seguro de que vas por buen camino. Algún día serás un gran talento».

«¿Lo cree de verdad?»

«Lo sé», contestó.

El hecho de que creyera en mí fue lo que estimuló mi confianza para seguir trabajando y componiendo. Como dije en la Nota si, esa fue la composición que titulé «From the Four Winds» y que me acabó valiendo una ansiada plaza en la banda de Hamp y un billete hacia Seattle.

En 1959, doce años después de mis clases matutinas con Clark, él y el trombón Quentin Jackson dejaron la banda de Duke Ellington para unirse a la mía en la gira *Free and Easy*. No podía creérmelo. De verdad que fue uno de los mayores honores de mi vida, y lo único que quería era que Clark estuviera orgulloso de mí.

Incluso después de ser testigo del tremendo fracaso que resultó ser aquella gira, se quedó a mi lado mientras duró y hasta más. No solo era un mentor, un maestro y un compañero mú-

145

sico; también era un amigo, un padre y una fuente de inspiración de por vida.

A menudo pienso en aquel día en Seattle en que reuní el coraje para acercarme a Clark y pedirle que me diera clases; siempre le estaré agradecido por el acto altruista de enseñarme a aquellas horas de la mañana, cuando podría haber estado durmiendo. Clark creía en mi potencial y tuvo la consideración de animarme. Su apoyo constante me hizo tener esperanzas de que un día podía llegar a ser como él. Y aquello no acabó conmigo. Clark tuvo un impacto de largo alcance, ya que continuó siendo mentor, generación tras generación, de músicos de jazz. En todo ese tiempo, nunca cobró a un solo alumno por una sola clase.

En 2014 coproduje un documental titulado *Keep On Keepin' On*, donde se destacan los comienzos de Clark como trompetista y pionero del primer jazz estadounidense, y su labor como mentor de Justin Kauflin, pianista magnífico, compositor, educador y productor musical. Es una historia increíble en sí misma, pero el trasfondo de cómo llegó a hacerse la película también resulta muy inspirador.

Clark y yo continuamos siendo íntimos tras los años en que me enseñó: tocamos juntos en álbumes y conciertos y su impacto en mi vida continuó siendo muy tangible. Pero a principios de la década de 2000 llegué a la desgraciada conclusión de que parte de la generación más joven no reconocía adecuadamente la extraordinaria contribución que Clark y sus contemporáneos habían hecho al repertorio musical estadounidense. Estaba más que harto de que a los alumnos no se les enseñara el valor de la historia del jazz y el blues, y quería hacer algo al respecto. Entonces decidí dedicarme a un disco con Snoop Dogg rapeando y Clark haciendo su rutina de «Mumbles» (una especie de *scat* que se acabó convirtiendo en su firma musical). Pensé que sería el puente perfecto entre las generaciones mayores y jóvenes. Después de todo, el hiphop surgió del bebop.

Tras más de un año planificando la grabación, cuando llegué al aeropuerto de Little Rock, Arkansas, con Adam Fell, el presidente de mi compañía, recibí una llamada confirmando que desgraciadamente Snoop se había torcido un tobillo y no iba a poder venir. Estábamos preparados para abandonar todo el plan, pero en lugar de volver al avión continuamos conduciendo hasta Pine Bluff para ver a Clark y a su esposa, Gwen. Sin Snoop ya no teníamos trabajo apremiante que acabar, así que lo que habría sido un día frenético intentando crear un disco acabó siendo pasar el rato. En la casa, Clark me presentó a su nuevo alumno, Justin Kauflin (y a su perra lazarillo, Candy), y le pidió que me tocara algo al piano. Aquel chaval era un monstruo a las teclas y tocaba con mucha autoridad y maestría, pese al hecho de ser ciego desde los once años.

Clark también me presentó a otras personas que había en la casa: dos tipos de Australia —Alan Hicks (director) y Adam Hart (cineasta)— y su maravillosa productora Paula DuPré Pesmen, que estaban haciendo un documental para Clark.

Aquella noche me mostraron un tráiler de la película que me motivó para involucrarme como coproductor a partir de entonces.

El director del documental, Alan Hicks, comparte lo siguiente:

En el instituto no era el mejor estudiante. De hecho, probablemente fuera uno de los peores. Elegí percusión después de ver tocar a un niño pequeño, y un día un profesor me dijo que estaba montando una banda de jazz. Empecé a practicar todo el tiempo y eso me cambió, se convirtió en una especie de disciplina. Después de eso me enganché. En 2002, a los dieciocho años me mudé de Australia a Brooklyn, Nueva York. Quería estar donde estaba pasando todo, donde todo músico de jazz aspiraba a ir. En el avión leí Q. Autobiografía de Quincy Jones, que incluía un capítulo escrito por Clark Terry. Vine a Nueva York sin ningún plan. Solicité el ingreso en un montón de escuelas y me aceptaron para estudiar música en la Universidad William Paterson. Era una experiencia increíble, pero pasado un año estaba sin blanca, así que compré un billete de vuelta a Australia. Mi profesor en aquella época era el gran pianista James Williams, hoy ya difunto. Cuando le dije que me volvía a casa me invitó a un concierto en el Blue Note Jazz Club para oír al Oscar Peterson Trio. Sabía que no dejaría pasar la oportunidad de ver tocar a aquellos tipos. Cuando entré, me sentó a una mesa junto a Clark Terry y su esposa, Gwen. Me quedé pasmado por estar sentado junto a una leyenda viva. Clark se volvió hacia mí y me dijo: «Tú debes de ser Al. James me ha hablado de ti y dice que sabes tocar. Creo que no es buena idea que te vayas a tu casa. Deberías seguir con tus estudios, hombre». Sin darme tiempo a pensar, me invitó a cenar en su casa una semana después, sabiendo que era después de la fecha de partida. De ninguna manera podía dejar pasar aquella oportunidad única en la vida, así que cambié el vuelo. Cuando llegó el día, después de cenar, me dijo: «Ven a cenar la semana que viene, y tráete tus baquetas». Después de aquella noche, pasé miles de horas tocando en bandas de Clark y de gira por el mundo con él. Aunque solo hubiera podido estar con él aquella noche en el Blue Note, habría guardado aquel recuerdo conmigo el resto de mi vida. Seguro que Justin, el alumno que en la película está ante Clark, siente lo mismo. Al hacer esta película ha sido la primera vez que he estado a cargo de algo. Lo que sé sobre cómo ser un líder lo aprendí de Clark. Él me enseñó a montar una banda y lo importante que es rodearse de buenas personas. Me dijo: «Cuanto mejores sean, mejor sonaréis». También me enseñó a seguir el instinto, a empujar suavemente en la dirección del mejor trabajo y a predicar con el ejemplo. He intentado trasladar todo eso a la película. Cuando empecé a rodar, no tenía mucho marco de referencia. Al no haber hecho ninguna película antes, tuve que recurrir sobre todo a lo que había aprendido tocando música, a lo que había aprendido de Clark. Descubrí que había varios paralelismos entre el cine y el jazz. En ambos hay mucha intuición. El jazz es improvisación con una forma. La estructura es importante: una canción necesita un inicio, una parte central y un final. A veces, cuando estaba editando, me acercaba a una escena con ese enfoque. Tenía que oírla en la cabeza como una canción. Así es como veo toda la película. Clark me dijo una vez que cuando notas que te vas poniendo nervioso y todo dentro de ti te dice que no salgas ahí delante a tocar, entonces es cuando debes tocar porque ahí vas a aprender algo sobre ti mismo. «Abraza los nervios», me dijo. Eso es lo que he intentado hacer también con la película.

Keep On Keepin' On continuó ganando premios, incluido el de Mejor largometraje documental en el Festival de cine de Tribeca. Pero lo más importante es que sirvió como trampolín para que la historia y la pasión de Clark por la mentoría tocaran todavía más vidas. En colaboración con instituciones pedagógicas, hemos llevado a cabo numerosas proyecciones educativas de la película y hemos compartido recursos pedagógicos complementarios para que los alumnos los analicen y así poder enseñarles la historia del jazz y el blues y la importancia de la mentoría. Nuestra esperanza es que los alumnos de todas partes puedan acceder a la inspiración que Clark compartió conmigo, Justin, Alan y los demás alumnos que tuvimos el honor de estudiar bajo su guía.

Como queda demostrado en el documental, la mentoría no siempre es unilateral. En todo caso, queda claro que Justin enseñó a Clark tanto como Clark a Justin. A lo largo del rodaje, Clark perdió la vista debido a la diabetes y lo pasó francamente mal durante el período de adaptación a la ceguera. Pero la capacidad de Justin para compartir su experiencia, ya que él también había perdido la vista siete años antes debido a una retinopatía exudativa, proporcionó a Clark una nueva perspectiva. Justin decía que la música le servía como forma de expresión general y que también le ayudaba a hacer frente a su repentina incapacidad para hacer las cosas que antes sí podía hacer.

Además, tanto Clark como Justin y yo tenemos sinestesia, un fenómeno neurológico por el cual la estimulación de un camino sensorial o cognitivo activa automáticamente otro camino sensorial o cognitivo. Por ejemplo, cuando oímos música, vemos los respectivos colores. Teniendo en cuenta nuestro vínculo personal con Clark, la sinestesia y la buena música, contraté a Justin para la gestión de candidatos en Quincy Jones Productions, lo que completó el círculo. Dicen que la coincidencia es la manera que tiene Dios de permanecer en el anonimato, y no se me podría ocurrir un resumen más oportuno de toda esta experiencia.

La verdad es que no hay palabras para describir lo profundo que fue el impacto que tuvo Clark en la música y en la humanidad, pero lo haré lo mejor que pueda. Fue uno de los primeros músicos negros de *The Tonight Show* de la NBC, donde tocó doce años; y, sobre todo, fue un mentor experto. Clark rompió las barreras raciales y abrió un montón de puertas para los músicos. Nació en 1920 en una familia paupérrima con once hijos en St. Louis, Missouri. Su madre murió cuando él tenía siete años. A los diez, tras oír a la Duke Ellington Band, se enamoró del sonido de la trompeta. Como no podía permitirse una, fue al chatarrero y se construyó una con un embudo de queroseno, una manguera y un tubo de plomo (que después se enteró de que era venenoso). Al final, sus vecinos se enteraron del interés que tenía por la trompeta e hicieron una colecta para comprarle una de verdad, y eso le llevó al jazz.

¿Te imaginas que sus vecinos le hubieran disuadido de tocar la trompeta? En una ocasión, en referencia a nuestra relación, Clark también dijo: «¿Sabes? No puedo evitar pensar: ¿Y si yo hubiera dicho: "chaval, pon eso en la estantería, olvídate de ella, haz otra cosa"? ¿Qué habría pasado? No quiero ni pensarlo». ¡Yo tampoco!

Desde el momento en que le pedí que me diera clases de

trompeta a los trece años, en 1947, hasta su último aliento en 2015, Clark tuvo la prioridad de invertir en la generación más joven. Yo fui su primer alumno, y Justin, el último. Justin y yo nos llevamos cincuenta y tres años, pero la confianza de Clark en nosotros, en diferentes etapas de nuestras vidas, nos influyó a ambos por igual.

Espero que esta Nota, así como la película, deje bien claro que todos y cada uno de vosotros tenéis un don muy especial y único para compartir con los demás. Clark no tenía tiempo para darme clases en Seattle, pero sacó un poco cada día. Se privó de dormir para darme clases por la mañana temprano, porque se preocupaba. Una vez dijo: «Se notaba que [Quincy] quería aprender, que quería saber. Y me alegraba poder enseñarle algunas cosas. Eso fue lo que me conmovió: poder ayudar a aquel chaval». Los que vienen después de nosotros son el futuro, simple y llanamente. No hace falta ser una celebridad ni tener una plataforma enorme para tener un mentor o para serlo; se reduce a encontrar a alguien que crea en ti o en encontrar a alguien en quien creer.

Piensa en una figura a quien respetes y entérate de todo lo que ha hecho y hace. El principal modo de entender mejor cómo lo ha hecho la gente antes que tú para llegar a donde está es observar, prestar atención, callar y escuchar. Lo único que yo quería era escuchar lo que Clark tenía que decir. Hace falta mucho valor para perseguir a un tipo como él, pero, como suelo decir, si no pides, nunca obtendrás. Puede que recibas un montón de negativas, pero también puedes recibir un «sí».

El conocimiento que mis mentores pasaron de generación en generación me ha durado toda la vida, así que ahora, cuando se me acercan chavales tras los espectáculos, me genera un sentimiento especial mantener abierta esa misma línea de comunicación. Puede que no lo sepa todo, pero mi alma sonríe al compartir lo que sé con quienes tienen ganas de escuchar. Y, sinceramente, espero seguir sin tener todas las respuestas cuando tenga cien años, porque aprender es esencial para crecer, y siempre quiero seguir creciendo.

Hace muchos años que defiendo apasionadamente la mentoría. De hecho, en 2008 formé equipo con mi hermano Usher en un anuncio de servicio público sobre el mes nacional de la mentoría a través de la Facultad de Salud Pública de Harvard para compartir nuestra opinión de cómo la mentoría había sido determinante en nuestras vidas. Llevo muchos años haciendo todo lo que puedo por compartir ese mensaje y continuaré haciéndolo, porque si tiene el poder de tocar aunque sea a una sola persona, entonces merece la pena.

Si llevas en el mundo tanto como yo, espero que estemos de acuerdo en que es importantísimo estar ahí para nuestros hermanos y hermanas jóvenes. Podemos desanimarles o fortalecerles. Para que conste, yo elijo fortalecerles. ¡Puede que incluso haga autostop para que me lleven al futuro con ellos! Como suele decirse: «Solo se va más rápido, pero acompañado se llega más lejos».

He hecho cuanto he podido para no decepcionar nunca a quienes amablemente han depositado su tiempo y su confianza en mi vida y mi carrera. Me han ayudado a mantenerme en la luz cuando mi mundo estaba lleno de oscuridad. Nunca olvidaré cómo fue perder a mi madre por la demencia precoz. Nunca olvidaré que me negaron trabajos por el color de mi piel. Nunca olvidaré muchas cosas que me pasaron. Pero tampoco olvidaré nunca cuando el legendario Clark Terry aceptó mi petición de enseñarme a tocar la trompeta sin que le reportara absolutamente nada. Nunca olvidaré cuando la gran Nadia Boulanger me acogió bajo su ala para enseñarme los pormenores del jazz, el contrapunto, la melodía y la base que necesitaba para convertirme en el músico que soy hoy. Nunca olvidaré el apoyo de Count Basie y sus esfuerzos por enseñarme a ser un hombre íntegro. Nunca lo olvidaré, jamás. Mis mentores sin duda modelaron la persona que soy, y sin su amor y guía puede que continuara encallado en la oscuridad de mi pasado.

Así que continuemos todos manteniendo la luz encendida para nosotros y para los demás. Como solía decir Clark citando a *Los tres chiflados*: «Si de entrada no lo consigues, consíguelo de salida».

RECONOCE

EL VALOR

DE LA VIDA

SOL#

$\mathcal{A}$hora que hemos llegado a la última Nota de la escala, he de decir que es maravilloso conseguir objetivos y alcanzar cierto nivel de éxito, pero a fin de cuentas ¿de qué sirve? Es una pregunta que me he estado haciendo muchas muchas veces, tras casi haberme enfrentado a la muerte muchas muchas veces. Si no vas con cuidado, acumular logros y posesiones materiales puede proporcionarte una sensación de plenitud temporal, pero solo en el momento crítico entre la vida y la muerte aprendí que el logro principal es el sencillo, pero complejo, regalo de vivir la vida misma.

Es imposible vivir tantos años como yo sin familiarizarte mucho con la mortalidad. Después de todo, asistí a mi propio funeral. (Llegaremos ahí enseguida.) Doy gracias a Dios por que mis anteriores encuentros con la muerte no acabaran con un colofón, pero estar cerca de ella me obligó a pensar un poco; de hecho, mucho. Me hizo darme cuenta de que, al ser un adicto al trabajo autodiagnosticado, desgraciadamente mi familia y mi salud llevaban en un segundo plano más tiempo del que quería admitir. Sin embargo, pese a todos los premios especiales y homenajes que otorga la madurez, he descubierto que los valores que llevo dentro y el impacto que tengo en mi familia, y más allá de ella, son lo que más pesa.

No hay nada malo en luchar por conseguir más, de hecho te animo mucho a hacerlo, pero también me gustaría decirte que te preguntes por qué lo haces. Quizá te sorprenda la respuesta, pero es muy probable que te sorprendas de no tener ninguna. Las carreras son volátiles y el estatus viene y va, pero, en definitiva, ¿qué legado dejarás detrás con orgullo? ¿Y qué estarás orgulloso de haber hecho con el tiempo que has tenido? Te lo contaré todo sobre cómo respondí yo a esas preguntas, pero antes he de llevarte atrás en el tiempo a algunos momentos monumentales de mi vida en los que mis supuestos finales se convirtieron en comienzos.

1947

Como debes recordar de la Nota do sostenido, la primera banda oficial en la que toqué estaba liderada por el legendario director Bumps Blackwell. Bumps tenía una influencia notable en la zona de Seattle y también comandaba la Banda de la Guardia Nacional del Ejército. Para alistarte has de tener dieciocho años, pero como mis compañeros de la banda y yo éramos cercanos a Bumps, nos dejaba estirar la edad sobre el papel; solo teníamos catorce. Aquel bolo resultó ser un compromiso mucho mayor de lo que me esperaba, ya que después tomé juramento como parte de la Banda de la 41ª División de Infantería de la Guardia Nacional de Washington, íntegramente negra. Estuve en servicio activo en el Ejército dos o tres meses durante el verano en Camp Murray. ¡Mis compañeros de la banda y yo ni siquiera sabíamos cómo hacer un «izquierda»! Pero sonábamos bien y eso era cuanto importaba; para nuestro sargento, no, pero sin duda para nosotros sí.

Hacia el final de mi titularidad en la banda, uno de nuestros encargos fue tocar en un rodeo en Tacoma, así que mis cuatro compañeros de banda y yo nos metimos en un coche y nos dirigimos al sur. Íbamos de camino, ensayando y riendo, pero todo cambió en una fracción de segundo. Un autocar de la compañía Trailways salió de la nada y nos arrolló.

He pasado mucho tiempo tratando de olvidar los detalles exactos de lo que sucedió aquel día, pero lo que puedo decir es que se perdieron muchas vidas. Murieron tres personas del autobús, y de los chicos que íbamos en el coche —dos delante, dos detrás y yo en medio— murieron los otros cuatro.

No tenía ningún sentido que yo saliera con vida. Intenté sacar a uno de mis amigos del asiento delantero, pero el impacto le había decapitado. Fue, y continúa siendo, una de las experiencias más traumáticas que he vivido. Hasta la fecha, nunca he aprendido a conducir.

1969

Cuando el eminente director Peter Yates me pidió que hiciera la música para su película *Bullitt*, me quedé hecho polvo porque no estaba bien para aceptar debido a una apendicectomía reciente. Pero después, cuando mi querido amigo y protagonista Steve McQueen me pidió que fuera a ver el primer corte, asistí encantado. Fui con mi estilista y buen amigo Jay Sebring, que también era el estilista de Steve. Tras la proyección, Jay me invitó a casa de Sharon Tate y Roman Polanski en Cielo Drive, Los Ángeles, donde habían quedado varias personas. Roman aún estaba en Londres, pero se esperaba que Sharon y otra gente de la industria estuvieran allí.

Como a todo el mundo cuando empieza a «madurar», me empezaba a clarear el pelo en algunas zonas, así que Jay había prometido darme una especie de sérum crecepelo milagroso que ayudaría a rebajar un poco los brillos y a rellenar los claros con algo de pelo. «Nos vemos en casa de Sharon esta noche, que he descubierto una cosa para tapizarte la zona», me dijo.

Jay y yo hicimos planes de encontrarnos más tarde aquella noche y nos separamos.

Para ser sincero, no recuerdo qué captó mi atención el resto de la noche, pero fuera lo que fuera me dejó demasiado cansado para ir a la fiesta y acabé quedándome dormido en casa.

A la mañana siguiente, mi sueño se vio violentamente interrumpido por lo que ha pasado a ser una de las llamadas telefónicas más trascendentales que he recibido en mi vida. Desde el otro lado de la línea, mis oídos se encontraron con siete palabras que quedaron grabadas para siempre en mi memoria: «¿Has oído lo de Jay? Ha muerto».

Mi reacción instintiva fue decir: «¡Qué coño! Si estuve con él ayer».

Colgué, incrédulo, e inmediatamente llamé a la empresa de Jay, Sebring International. «¿Está Jay?», pregunté con voz temblorosa.

«¿Con quién hablo?», preguntó la mujer que había descolgado.

«Quincy Jones.»

«Jay Sebring ha muerto», dijo con firmeza, y colgó el teléfono.

Puse las noticias y me envolvió una oleada de horror inmediata al ver bolsas para transportar cadáveres tiradas por el césped de la casa de Sharon. Las bolsas contenían los valiosos cuerpos de todas las personas que habían asistido a la fiesta, incluido Jay. A medida que se fueron aclarando las noticias sobre lo que más tarde se juzgaría como los «Asesinatos de la familia Manson/Tate», yo junto con el resto del mundo descubrimos lo que había ocurrido exactamente en casa de Tate, salvo que se suponía que yo tenía que estar allí. Inmediatamente después no estaba claro quién había cometido los crímenes, así que había alerta máxima de seguridad en Los Ángeles. La gente sospechaba los unos de los otros, cosa que provocó un aumento de las tensiones entre civiles, hasta que el padre de Sharon Tate, que trabajaba en inteligencia militar, guio a los investigadores hasta nada menos que Charles Manson. Resultó que Manson había ordenado a su «familia», o más bien a sus seguidores de culto, que fueran a por el anterior propietario de la casa —el afamado productor de los Beach Boys, Terry Melcher— porque se había negado a hacer un disco con Manson.

Yo conocía a Sharon bastante bien y de hecho había estado a punto de comprar la casa a finales de la década de 1960, pero como el propietario de entonces solo quería alquilarla decidí comprar la casa de la actriz Janet Leigh, en Deep Canyon Drive. Aquella realidad le jugaba a mi mente malas pasadas casi incomprensibles. No podía evitar pensar que, si me hubiera mudado a aquella casa en lugar de Terry, para empezar, nunca habría sido objetivo y quizá todos los asistentes seguirían con vida. Además de eso, ¿y si yo hubiera estado allí aquella noche? Es un proceso mental inútil, pero todavía hay una parte en mí que continúa tratando de dar sentido a una situación descabellada.

159

1974

Para entonces me había casado y divorciado dos veces. A los cuarenta y uno senté la cabeza con mi novia, Peggy Lipton, que más adelante se convertiría en mi esposa y la madre de dos de mis hijas, Kidada y Rashida. Tras trabajar sin parar durante tres días y tres noches en mi álbum *Mellow Madness*, estaba en casa en Brentwood, California, cuando noté un dolor tremendo en la cabeza. Noté como si alguien me hubiera volado la cabeza por detrás con una escopeta. Cuando intenté sentarme, el dolor me superó y entré en coma.

Peggy me encontró antes de que fuera demasiado tarde y me llevó corriendo al hospital. Después me dijeron que la arteria principal del cerebro se había roto. En una operación de siete horas y media, los cirujanos tuvieron que ir sacándome trozos de cráneo como si fuera un iglú. Me dieron un uno por ciento de probabilidades de vida. Tras la operación, cuando aún tenía la cabeza envuelta en vendas, los médicos me anunciaron: «La buena noticia es que has sobrevivido. La mala es que tienes otra y tenemos que volver a entrar». Habían visto otra arteria a punto de romperse, así que tenía que volver a pasar por el bisturí.

El primer aneurisma fue una experiencia extracorporal durante la cual imaginé a Dios haciendo señas a mi espíritu para que fuera hacia Él, pero yo no estaba por la labor. Era como si los médicos limpiaran todas las telarañas. Contemplaba todo lo que me quedaba por hacer: todo el resentimiento que aún tenía, la gente a la que tenía que perdonar, la gente a la que tenía que pedir perdón y los cabos sueltos que tenía que atar. Y sobre todo, pensé en mis pequeñajos: los niños a los que había contribuido a traer a este mundo. Mi hija Kidada, de solo cinco meses entonces, todavía no me había llamado papá y no podía soportar la idea de irme de este mundo sin haber oído esas palabras, ni de dejar que afrontara la vida sin su padre. No podía negar el hecho de que, por mucho que hubiera intentado ser un buen padre, había fallado a mis hijos en algunos terrenos en los que les hacía mucha falta. Pese a saber que estaba haciendo todo lo posible, mi conciencia sabía que no había estado plenamente presente en sus vidas; lo único que siempre había sabido era correr en busca de «más».

Tras el desalentador resultado de la primera operación, un grupo de amigos de la industria de la música preparó lo que se suponía que era un homenaje para mí en el Auditorio Shrine de Los Ángeles. La operación tuvo lugar en agosto, y el homenaje, en septiembre, pero como sobreviví resultó ser un concierto de celebración de la vida. El doctor Grode, uno de mis médicos, y yo nos sentamos en un palco de invitados y se me ocurrió que estaba asistiendo a lo que había de ser mi propio funeral. El espectáculo había sido concebido y producido por Peter Long, con quien había trabajado en otra producción, así como por la promotora de conciertos Darlene Chan, siempre suprema. Fue un acto imborrable y reunieron a prácticamente todo el mundo que pudiera haber imaginado: Cannonball Adderley con Freddie Hubbard en la banda, Sarah Vaughan, Minnie Riperton, los Main Ingredient con Cuba Gooding Sr. al frente, Ray Charles, Billy Eckstine, los Watts Prophets y Marvin Gaye. Roscoe Lee Browne recitó un texto, así como Brock Peters, Sydney Poitier y Richard Pryor. A pesar de todo, no podía emocionarme en exceso: mi neurocirujano, el doctor Milton Heifetz, me había dicho que demasiados estímulos podían ser perjudiciales como consecuencia de los implantes de metal que me habían colocado en la cabeza, los mismos implantes que me apartaron de poder volver a tocar la trompeta.

2015

Aunque me enmendé en mi forma de tratar y cuidar a mi familia (que había aumentado a siete hijos), continué maltratando mi cuerpo comiendo mal y bebiendo demasiado. Allí donde iba, caía un vodka o alguna copa de mi 1961 Chateau Petrus. Era mi estilo de vida, el único que había conocido en sesenta y tantos años. Pues bien, el 7 de enero de 2015 tomé la gota que colmó el vaso y caí en un coma diabético. De nuevo me llevaron corriendo al hospital en una ambulancia y pasé inconsciente cuatro días de mi vida. Sentado en mi cama de hospital, me ocurrió lo que siempre se ve en las películas: me pasó la vida por delante. La sensación me recordó a la de mi último lecho de muerte, después de los aneurismas. Era todo demasiado familiar, pero estaba decidido a superar aquello porque no iba a dejar que mi final fuera el resultado de mis propias acciones. No había tenido opción al verme involucrado en un accidente de coche, ni al tener un aneurisma o una apendicitis, pero sí que tenía opción en lo relacionado a tomar parte en actividades que no tenían ningún efecto positivo en mi vida. Hablo de fumar tabaco, beber alcohol, lo que sea. Si salía de aquella, estaba decidido a actuar bien y, tío, gracias a Dios que lo hice. Tras aquel último toque de atención, me vi obligado a reflexionar mucho.

A menudo pensamos en la vida como una serie de cosas que nos suceden. En consecuencia, pasamos por alto el hecho de que con frecuencia es una serie de acciones que nos hacemos a nosotros mismos. Al haberme criado bajo la guía de tipos del jazz en las décadas de 1940 y 1950, he visto y hecho la ruta de la droga dura, y fumaba cuatro paquetes de cigarrillos al día. Habiendo salido con gente como Ray Charles y Frank Sinatra, tengo la sensación de haber bebido alcohol por cuarenta mil personas. De verdad. Ese estilo de vida continuó y probablemente perduraría hoy en día si no fuera por mi última aventura con la muerte.

Por lo general, de lo que la gente ni se da cuenta es de que todo, incluso la salud física, empieza en la mente, que es lo más poderoso que posees. Puede llevarte a un pasto verde, pero también al callejón más oscuro. Apartar todos los problemas mentales, alcanzar ese nivel de conciencia está únicamente en tus manos. Si no haces un esfuerzo consciente por cambiar tu proceso de pensamiento, y posteriormente tus acciones, no cambiará nada. Yo necesité unos cuantos toques de atención para llegar a ese punto, pero doy gracias de haberlo conseguido finalmente. Ojalá tú no esperes a tu toque, sino que tomes estos relatos míos como recordatorio para hacer los cambios necesarios.

Lo complicado de la vida es que has de estar reflexionando continuamente sobre tu crecimiento. Un hábito es un hábito por un motivo. Cuesta quitártelos de encima y es fácil olvidar las lecciones que has aprendido cuando ya las has pasado. Personalmente, mirar hacia atrás mi vida ha sido impresionante porque los recuerdos se me han hecho muy claros sin la absorbente presencia del alcohol. He podido recordar cosas del pasado que dudo que de otro modo hubiera recordado, y ahora, durante los momentos familiares importantes, doy gracias por saber que mi recuerdo de ellos no quedará nublado por mis malos hábitos con la bebida. Tras enmendarme en 2015, tuve la sensación de que podía ver claramente en todas las direcciones posibles.

Digo todo esto no para ponerme en un pedestal; de hecho, estoy agradecido por el hecho de seguir aquí, y por eso precisamente pretendo compartir todo lo que he expuesto en este libro. No me malinterpretes, todavía no lo sé todo. Puede que tenga ochenta y ocho años, pero mientras estoy aquí sentado escribiendo esto, me vienen a la cabeza algunas de las lecciones que creía aprendidas. Si una historia ha llegado hasta estas páginas, lo más probable es que me enseñara algo, y espero que haga lo mismo por ti.

Desde una edad muy temprana, mi única vía de escape de los lugares peligrosos en los que nací fue cosechar logros. En cada etapa de mi vida, esos éxitos llegaban a un coste más elevado que el anterior: o mi familia o mi salud quedaban puestas indirectamente en la picota. Sin embargo, mi vida está más llena ahora que nunca porque puedo responder a la pregunta de por qué hago lo que hago: por la familia, por propagar la esperanza y el amor mediante mi creatividad y por tener un impacto, esperemos que positivo, en la vida de quienes me he encontrado por el camino.

Si todavía no sabes tu respuesta, no esperes a un accidente inesperado o a un roce con la muerte para empezar a pensar en ella.

Si bien experimentar una sensación de pérdida puede ayudarte indirectamente a apreciar la vida a largo plazo, no hay absolutamente nada como celebrarla mientras todavía la estás viviendo. Cuando mi quinta hija, Rashida, y mi hermano de otra madre, Alan Hicks (el mismo director con el que hice *Keep On Keepin' On*), estrenaron mi último documental, *Quincy*, en Netflix en 2018, tuve aún más sobre lo que reflexionar. Esta vez, realmente me pasó la vida por delante y pude ver todo el arco: las luchas y los éxitos, así como los matices que solo podría ver mirándolos desde fuera. No hay nada como ver cada momento decisivo de tu vida en la gran pantalla, y encima compartiendo esos momentos con el mundo. Es un ejercicio que te llena de humildad; y me recuerda todo lo que he sido capaz de hacer, también me recuerda todo lo que todavía quiero hacer.

Mi primera reacción tras ver el documental fue: «Ojalá pudiera vivir eternamente». Es obvio que no puedo, pero ojalá pudiera. Leí una reseña de un crítico que decía que en la película doy la impresión de ser «insaciable», y supongo que hasta cierto punto tiene razón. Como humanos, tenemos un apetito insaciable de querer más; piensa que las criaturas ya saben cómo indicar con gestos o decir la palabra «mío» cuando quieren algo, sin necesidad de que se les enseñe. Cuesta negar el deseo de querer más. Me han preguntado muchas veces: «¿No crees que ya has hecho suficiente?». Supongo que puede parecer que sí, pero aun así sigue habiendo cosas que quiero hacer. Sigo queriendo escribir una ópera de calle. Sigo queriendo publicar discos. Películas. Obras de Broadway. Pero, más allá de eso, quiero ver a mis hijos, y a los hijos de mis hijos, llegar a mi edad y a más viejos. Sigo queriendo hacer muchísimas cosas que quizá consiga o quizá no. Es un trago amargo, pero debo hacerlo.

Tal vez empezaras a leer este libro con la esperanza de que revelase algún gran secreto sobre cómo hacer que te nominen a ochenta premios Grammy®, o cómo alcanzar tu yo creativo más elevado, pero con la edad puedo asegurar que el simple hecho de estar vivo y presente en tu vida diaria es la mayor forma de creatividad.

Después de mis aneurismas, el médico me explicó que en nuestro subconsciente todos tenemos fuerza vital o ganas de morir. Dijo que a los que tienen ganas de morir se los puede llevar algo tan común como la gripe. Pero los que tienen fuerza vital suelen ser quienes sobreviven. Cuando los médicos me operaron el cerebro, tuvieron que atarme las manos porque incluso bajo los efectos de la anestesia me temblaba el cuerpo. O, como me gusta pensar a mí, continuaba luchando por sobrevivir.

En definitiva, me siento tremendamente afortunado de estar aquí, y más por tanto tiempo como llevo. No olvido los momentos en que estuve a punto de marcharme porque hacen más especiales los momentos que tengo aquí. La vida es un viaje y nunca sabes qué va a venir después. Pero, de verdad: reconvierte tu dolor, si puedes verlo, puedes serlo, hay que ir para saber, establece tus puntos de referencia, estate siempre preparado para una gran oportunidad, mejora el hemisferio izquierdo de tu cerebro, evita la parálisis por análisis, entiende el poder de que te subestimen, haz lo que no se haya hecho nunca, valora las relaciones y, lo más importante, reconoce la belleza y el valor inherente de la vida. Y di a tu familia —no me refiero solo a los parientes consanguíneos— que les amas. Di a tus amigos que les echas de menos. Estate ahí para la gente, no solo cuando te necesiten, sino incluso cuando no lo hagan.

En definitiva, presta toda tu atención a tu vida. Cuando salgas afuera, tómate un momento para apreciar los detalles aparentemente sin importancia que has pasado por alto: desde la sensación de recibir un cálido abrazo de un amigo a quien hacía años que no veías hasta la simplicidad de ser capaz de pensar y actuar según tus pensamientos. Es extraordinario. Por mínimas que parezcan, no todo el mundo tiene las mismas oportunidades, y si ahora mismo estás ahí sentado leyendo este libro, es probable que, para empezar, tengas algún tipo de privilegio que te ha permitido leer.

Al transformar mi actitud en una que está presente y agradecida por cada momento, he descubierto que la calidad de mi vida y mi trabajo ha mejorado inmensamente. La gente me sigue preguntando cómo puede ser que continúe teniendo tanta energía con ochenta y tantos años, y por qué continúo activamente comprometido en el proceso creativo, tanto en mi propio arte como en el de otros. Bueno, mi respuesta es que puedes elegir usar lo que tienes o perder lo que tienes, así que voy a seguir utilizándolo. Estoy tremendamente agradecido por la vida que vivo y por la capacidad de pensar, trabajar y crear. Pero no sucede por accidente. Tuve que alimentar, y todavía tengo que hacerlo, mi deseo de crecer como ser humano, independientemente de si está relacionado o no con mi carrera. Después de todo, mientras esté vivo y sea capaz de hacerlo, puedo crear y continuaré haciéndolo. Mientras estés vivo y seas capaz de hacerlo, puedes y deberías seguir creando. Siempre hay más experiencia, para hacer y para compartir.

Dicho esto, no puedo evitar recordar las palabras de mi querido hermano pequeño, Lloyd. Antes de su muerte en 1998, un golpe insoportable, me dijo que una de las cosas de las que te das cuenta cuando te estás muriendo es que has perdido mucho tiempo. Cuando una persona en concreto, que no sabía que Lloyd se retiraba debido a un tumor cancerígeno en el riñón, le preguntó cómo iba a identificarse tras la jubilación, mi hermano respondió: «Puedo identificarme de cien maneras diferentes. Soy hombre, ingeniero, carpintero, marido, hermano, padre, ciclista, patinador, esquiador. Joder, soy un montón de cosas. Pero lo que no soy es un derrotista».

Su fortaleza, incluso en medio de un punto crítico definitivo, fue uno de los recordatorios más conmovedoramente bellos de lo importante que es vivir la vida que nos han dado mientras todavía la tenemos. Soy un afortunado superviviente de muchas bajas cercanas, y ese es un hecho que intento honrar y agradecer a Dios cada día que tengo aliento para respirar.

Pero no es solo la fortaleza mental y la actitud positiva lo que determina la calidad de la vida. Si fuera solo eso, estaría relajado otros ochenta años más, fácilmente. En mi entorno de trabajo suelo ver a jóvenes que viven la vida como si fueran indestructibles. Sé lo que es vivir así, pero siempre me entran ganas de sentarme y decirles que bajen un poco el ritmo. Deja de beber como si no hubiera un mañana. Deja de estresarte por minucias. Deja de perjudicar tu salud. Cuando tengas mi edad, tu cuerpo te lo agradecerá. Aunque mi cuerpo ya no es tan resistente como antes, he de agradecerle todos los kilómetros que me ha permitido recorrer. Respeta el territorio que te han dado para que trabajes en él. Dios sabe que eso no siempre me ha resultado fácil.

Es extraño estar a punto de cumplir los ochenta y nueve y sentirme como si tuviera treinta y cinco. ¿Quién iba a saber lo que podía hacer no beber alcohol y tratar bien mi cuerpo? Cuidemos lo que tenemos mientras lo tengamos, y difundamos amor en lugar de odio, sobre todo en épocas que pongan a prueba a la humanidad. A todos nos han puesto en este mundo por un motivo, y no sirve de nada pasar el tiempo que tenemos intentando crear enemigos. Nuestra única elección es si luchar o unirse, y, por favor, créeme, ¡la única respuesta es unirse!

Hoy, como cada día, me abruma el amor que siento por mis pequeñajos, todos y cada uno de ellos. Tengo los siete mejores muchachos del mundo: un hijo y seis hijas (Jolie, Rachel, Tina, QDIII, Kidada, Rashida y Kenya), de edades comprendidas entre los veintiocho y los setenta, y doy gracias por que Dios me eligiera para ser su padre. Es importante tomarse un momento para reflexionar sobre todo lo que tenemos, ¡y a veces solo estar de pie ya es todo un logro!

Cuando pienso en lo que en 2020 resultó ser la petición casi internacional de «Yo me quedo en casa», se me hace todavía más evidente que no tenemos control alguno sobre lo que sucederá mañana. Sin embargo, en medio de todo ello, mi esperanza y mi plegaria es que nuestras voces creativas individuales sirvan para compartir un destello de conexión con quienes más lo necesitan. Y rezo por continuar haciéndolo incluso después de haber dejado este mundo.

Finalmente, como escribí en 2001 en el párrafo final de mi autobiografía, «Es hora de decir que… los valores que llevas dentro —de trabajo, amor e integridad— tienen el mayor de los méritos, porque son lo que te hace seguir adelante con los sueños intactos, el corazón firme y el espíritu a punto para otro día. Entonces puedes mirar atrás y decir: he vivido los 360 grados, como mis predecesores, que se preocuparon por mí y me guiaron hasta aquí, que me enseñaron a acercarme a la creatividad con humildad y a reaccionar al éxito con elegancia». Y ahora, casi veinte años después de haberlo escrito, certifico que todo sigue siendo válido. Que todos reconozcamos el valor de la vida, y vivamos, amemos y demos tan apasionadamente como podamos, donde podamos. Incluso veinte años después, los mismos valores continúan siendo válidos.

Es un viaje maravilloso, así que disfrútalo hasta la última gota. ¡Puedes estar seguro de que yo moveré el esqueleto hasta el último compás!

Las siguientes páginas en blanco son para ti, puedes hacer lo que quieras con ellas. ¡Todo mi amor y mi apoyo!

Solo se vive una vez, así que ¡adelante, siempre adelante![3]

3. En inglés, *YOLO KOKO. You Only Live Once, So Keep On Keepin' On!* (N. de la T.)

AGRADECIMIENTOS

*E*scribir los agradecimientos de un libro es dificilísimo, porque la verdad es que quiero dar las gracias a todo el mundo que en algún momento ha formado parte de mi vida. Sin embargo, es imposible expresar la gratitud que siento por cada persona que me ha ayudado a dar forma al hombre que soy en la actualidad. Así pues, me limitaré a incluir a aquellas personas que han contribuido directamente a que este libro viera la luz. En cuanto al resto de vosotros, ¡sois grandes, y lo sabéis! ¡Todo mi amor y mi apoyo!

Abel «The Weeknd» Tesfaye	Christiana Wilkinson
Adam Fell	Clare Mao
Adam Hart	Debborah Foreman
Alex Banayan	Diane Shaw
Alyssa Lein Smith	Don Passman
Annalea Manalili	Edgar Macias
Armando Abate	Erik Hyman
Arnold Robinson	Fabiola Martinez
Ben Fong-Torres	Gavin Wise
Brittany Palmer	Gezelle Rodil
Chris Sinada	Glenn Fuentes

Gloria Echenique
Greg Gorman
Gregg Ramer
James Cannon
Jenice Kim
Jeremy Barrett
Jessica Wiener
John Cannon
Jordan Abrams
Kathy Cannon
Leah Petrakis
Mamie VanLangen
Marc Gerald
Maria Bonilla
Max Mason
Melissa Mahood
Michael Davis
Michael LaTorre

Michael Peha
Natasha Martin
Nikita Lamba
Patrick Jordan
Paul Aguilar
Ramona Fabie
Rebecca Kaplan
Richard Jones
Roger Trujillo
Rory Anderson
Ruth Chee
Sal Slaiby
Sarah Masterson Hally
Stacy Creamer
Teresa Bojorquez
Tess Callero
Thomas Duport

172

Y, por supuesto, a mis QUERIDOS hijos y nietos, sin los cuales no soy nada: Jolie, Rachel, Tina, QDIII, Kidada, Rashida, Kenya, Donovan, Sunny, Eric, Jessica, Renzo, Linnea, Isaiah, Tesla y Billy Basie.

En memoria
de mis muy queridas cuñadas
Gloria «GG» y Jacquie Avant

Quincy Jones en un productor musical, multinstrumentista, compositor, arreglista y productor de series y televisión. Una leyenda viva de la música. A lo largo de su carrera, ha conseguido 80 nominaciones a los Premios Grammy, 28 Grammys, y un Premio Grammy Legend en 1992. En 2001 publicó su autobiografía, en 2008 un recopilatorio de cartas y en 2010 una guía sobre la industria de la producción musical. *12 notas* es su primer libro de desarrollo personal.

        ⭕ @quincyjones
        ✖️ @QuincyDJones